D1562498

Transferencia de Espíritus

Alexander W. Ness

Editorial PENIEL
Buenos Aires
Argentina

Transferencia de Espíritus
Alexander W. Ness

Publicado por:
Editorial Peniel
Boedo 99, tel. 981 6034
Buenos Aires, Argentina.

Publicado originalmente en inglés con el título:
Transference of Spirits
Por: Agapre Publications Inc. - Ontario, Canada.
Copyright © Agapre Publications Inc.

Traducido al español por Virginia López Grandjean
Diseño de cubierta: Pablo García Verdeja
Copyright © 1994 by Editorial Peniel.

ISBN N° 987-9038-02-9
Producto N° 316013
Edición N° 1, año 1994.

Contenido

Prefacio

¿Sabía Ud. que es posible que una persona física, un grupo de personas o un ser espiritual que inspire pensamientos, sentimientos o emociones, "transfieran" o "transmitan" espíritus, buenos o malos, si nuestra capacidad espiritual está abierta a recibirlos? Hace más de treinta años que soy pastor, y he sido testigo de este fenómeno una y otra vez. Es un fenómeno que me ha provocado interés y preocupación por las personas que han sido afectadas negativamente. Deseoso de comprender y aprender lo que pudiera sobre la forma de obrar del mundo espiritual, comencé a buscar información adecuada. Sabía que este tema no es objeto de estudio en seminarios o institutos bíblicos. Pronto descubrí que no había casetes ni hasta donde yo sé, libros o artículos sobre el tema.

Durante muchos años, la transferencia de espíritus se mantuvo en las sombras, haciéndose intangible y difícil de considerar en forma concreta. Pero ciertas observaciones me hicieron ver que había pruebas y hechos que debían ser estudiados. ¿Por qué los jóvenes rebeldes afectan en forma tan negativa a los que son tranquilos y obedientes? ¿Por qué una persona a la que le gusta discutir y hablar a los gritos convierte una reunión relativamente tranquila en un pandemonium? ¿Por qué una persona licenciosa seduce a alguien inocente? ¿Por qué un médico, psiquiatra o ministro llega a convertir una sesión de aconsejamiento en una relación adúltera? ¿Por qué hay personas inocentes, piadosas, que son engañadas y destruidas espiritualmente en poco tiempo por estar con personas que tienen otro espíritu?

También, ¿por qué los malvados se someten y se vuelven justos al responder a los que siguen a Dios? ¿Por qué un ministro puede lograr completa armonía y unidad en su grupo de colaboradores mientras otros fallan? Es hora de que nos planteemos estas interesantes preguntas. Para algunos, el contenido de este libro será descabellado; para otros, será la respuesta que han buscado durante mucho tiempo. Para mí ha sido una investigación fascinante y la toma de conciencia de que el contenido de este libro es sólo la punta del iceberg. Es como estar parado al comienzo de un bosque o a la orilla del océano.

Hay tanto territorio que queda sin explorar... Mi intención, con la gracia y la ayuda de Dios, es continuar este tema en los próximos años.

Con este fin he escrito un capítulo adicional en esta edición revisada, llamado "Transferencia y contratransferencia". Ese capítulo quizá sea un poco arduo para alguien que no tenga conocimiento alguno de psicología, pero está escrito en un lenguaje laico tan llano, que aun un principiante podría comprenderlo rápidamente. En él se trata el tema de la "transferencia" y "contratransferencia", el fenómeno que se produce entre un terapeuta y su paciente en el transcurso de las sesiones de aconsejamiento.

De la misma forma en que se produce la transferencia en el ámbito psicológico, y en el ámbito fisiológico (como en las enfermedades y otras anormalidades hereditarias que se transmiten por medio de los genes paternos), así existe la transferencia en el ámbito espiritual. El espíritu y el alma están estrechamente relacionados, y sólo la Palabra de Dios puede discernir entre ellos. "Porque la palabra de Dios es viva y eficaz, y más cortante que toda espada de dos filos; y penetra hasta partir el alma y el espíritu, las coyunturas y los tuétanos, y discierne los pensamientos y las intenciones del corazón" (Hebreos 4:12).

Este libro es único, ya que como pionero en el tema, permite comprender el fenómeno de la transferencia de espíritus que se produce diariamente tanto en la iglesia como fuera de ella. En el anteúltimo capítulo de esta edición ampliada brindaré valiosa información sobre cómo evitar tal transferencia y, en caso de haberla sufrido, cómo renunciar o recibir liberación, de ser necesaria.

A. W. Ness

1. Ejemplos de casos

Caso 1: Este podría ser su hijo Andrés. Andrés se ha criado en una familia feliz, a la que le gusta trabajar unida. Usted tenía una buena relación con él y no existían problemas en su comunicación. Iban a la iglesia juntos. El respetaba sus deseos e instrucciones. Pero de un día para el otro, según parece, algo sucedió. Quizá haya sido en la escuela o en el trabajo. De repente, estar con la familia o ir a la iglesia se convierte en algo pesado para él. Usted quiere sentarse a conversar sobre este tema, pero él no quiere. Después, quiere irse de su casa, hacer su vida. Si usted examina el problema un poco más de cerca, encontrará que este cambio fue producido por alguien que ha entrado en su vida. Invariablemente se trata de alguna persona de espíritu más fuerte, que su hijo respeta. Debido a este respeto y a su ignorancia del tema de la "transferencia de espíritus", él se ha abierto a la influencia del espíritu de una persona más fuerte. Dado que el espíritu controla el alma, con su intelecto, voluntad y emociones, el comportamiento de la persona cambia casi instantáneamente. Los padres se toman la cabeza: "¿Qué le ha pasado a mi hijo?" Este es el problema que trataremos en este libro.

C aso 2: Una cierta familia comienza a estar descontenta y a criticar al pastor, a los líderes y a la congregación en general.

Expresan su descontento a espaldas de los líderes. Una familia inocente, buena y fiel es invitada por la anterior a cenar o compartir algunos momentos en casa. Para tristeza del pastor, esta nueva familia absorbe el espíritu de la primera y también comienza a criticarlo y a estar descontenta. ¿Qué sucedió?

C aso 3: Varias personas comienzan a asistir a un grupo de oración. El líder del grupo no está asistiendo a ninguna iglesia organizada. El prefiere no someterse a nadie, sentirse "libre", "guiado por el Espíritu", sin necesidad de que nadie le enseñe.

El grupo, o la mayoría de esas personas, luego de varias reuniones, se vuelven tan indóciles y rebeldes como el líder.

¿Qué ha sucedido?

C aso 4: Vamos un poco más profundo. El co-pastor de una iglesia comienza a sentirse descontento. No produce nada. No quiere pagar el precio de tener un ministerio efectivo, ni someterse a la autoridad del pastor y los líderes. Dado que su espíritu no es el correcto, naturalmente emplea métodos y actitudes equivocadas. Se vuelve crítico, siembra discordia y quizá hasta quiera dividir a la iglesia. ¿Por qué algunos miembros se sienten más afectados, mientras que otros no?

C aso 5: Un evangelista itinerante, (que "casualmente" es homosexual), visitó un grupo de oración. La iglesia organizada había rechazado su ministerio, pero algunas personas pensaban que esta decisión era injusta, así que se reunieron con él en forma privada. Un joven y su esposa, que eran muy felices pero también muy obstinados, fueron a esa reunión y dejaron que el evangelista les impusiera las manos. No sintieron ningún poder sobrenatural, ni bueno ni malo, hasta que se dieron cuenta de que sus relaciones sexuales se habían pervertido. El evangelista les había transmitido ese espíritu homosexual.

C aso 6: En 1961, un hipnotizador estaba en Calgary realizando su espectáculo. H.W. pasó al frente para ser hipnotizado. Luego se arrepintió de este acto y pidió el perdón de Dios. Después de nacer de nuevo, en abril de 1979, buscó el bautismo en el Espíritu Santo pero no lo consiguió. Más tarde, una pareja llena del Espíritu Santo descubrió que el culpable de esto era un espíritu de hipnotismo, y cuando lo reprendieron, una oscura nube se apartó de este hombre y recibió el Espíritu Santo con la evidencia de Hechos 19:6.

C aso 7: D.D. estuvo en América latina el verano pasado, y durante su estadía, que duró cinco meses, fue a un campamento de jóvenes.
En este campamento sintió una opresión tal que oró pidiéndole al Señor que la ayudara, porque no podía comprender porqué se sentía así. Una noche, durante una reunión, cuando todos estaban orando, y repentinamente se oyó un grito y D.D. supo que era una chica poseída por

un demonio. Todos corrieron a imponerle las manos, lo cual fue un gran error. Había otras chicas allí, que tan pronto como le impusieron las manos, también fueron poseídas, como si los demonios se hubieran pasado de la joven a ellas. ¡Todo comenzó con una joven y terminaron siendo cinco! Inmediatamente reunieron al resto de las personas y les dijeron que salieran de allí. Las cinco jóvenes se calmaron, pero al día siguiente comenzaron a gritar de nuevo. El pastor que estaba ministrando el campamento estaba echando fuera (o tratando de echar fuera) los demonios. D.D. salió del campamento y buscó el teléfono más próximo para llamar a su padre, que también es pastor. Cuando le explicó la situación, su padre le dijo: "D., haz que separen a las jóvenes de los muchachos lo antes posible, y que nadie que no tenga experiencia les imponga las manos. Esas jóvenes han sido poseídas por demonios de lujuria." D.D. pronto notó que sólo las jóvenes habían sido poseídas, no los muchachos. Volvió al campamento y contó lo que su padre le había dicho. Siguieron sus instrucciones y todas las jóvenes se calmaron instantáneamente.

Su padre fue al campamento con sus colaboradores y echaron fuera todos los demonios en cuestión de segundos.

Caso 8: Un hipnotizador fue invitado a una clase en una universidad privada en San Diego, California. Era una clase que duraba tres horas. El hipnotizador hipnotizó a la mayoría de los alumnos. Luego trajo dos videos. En uno se veía a una mujer y en el otro a un joven que sufría de esquizofrenia. El hipnotizador dijo que el miedo era una energía que trata de invadir nuestras vidas. Luego dijo que iba a llamar "sombra" a este miedo. En el video, mientras él le hablaba a la mujer que estaba hipnotizada, una voz que partía de ella le preguntó: "¿Has venido a destruirme?" El hipnotizador dijo que la voz era el miedo (sombra). Le habló muy suavemente y le preguntó si estaba cansada de estar tan lejos de esa mujer y si quería unirse a ella. La sombra dijo que sí. Entonces el hipnotizador le dijo a los alumnos de la clase que él iba a celebrar un matrimonio entre la mujer y la sombra de miedo. El Señor no permitió que esta joven se quedara a ver cómo se celebraba el matrimonio. El Señor le preguntó quién tiene la autoridad para celebrar matrimonios, y la joven respondió: "Los jueces y los ministros." Satanás también tiene sus ministros.

Caso 9: Se trata de un joven cristiano que nunca pudo separarse de su madre y unirse verdaderamente con su esposa. La madre era cristiana, una mujer muy buena, pero controlaba tanto a su esposo como a su hijo. Después de tomar autoridad sobre una ligadura de alma umbilical, el hijo fue liberado y pudo llegar a ser uno con su esposa en espíritu, cuerpo y alma, como la Palabra lo ordena.

Caso 10: Una noche, un pastor de Atlanta y su esposa fueron a la iglesia y dejaron a su hijo de nueve años en su casa, mirando la televisión. El niño comenzó a ver una película de terror.

Fascinado por lo que veía, atrapado por la pantalla, fue dominado por espíritus malignos. Cuando sus padres volvieron, lo encontraron en el suelo, sacudiéndose, dando vueltas, con los ojos en blanco y echando espuma por la boca. Inmediatamente comprendieron que el problema era demoníaco, tomaron autoridad y echaron fuera los demonios del niño. Fue necesario algún tiempo de oración y de utilizar el poder de abogado de Jesucristo para lograr la completa liberación, o, en otras palabras, la sanidad del niño.

Caso 11: En un canal de la zona céntrica de Toronto se estaba emitiendo por televisión un programa cristiano. El invitado estaba hablando de liberación de poderes demoníacos y sobre su propia experiencia. Entonces, el conductor del programa miró hacia la cámara y señalando a la lente, ordenó a todos los espíritus malignos que salieran de las personas que estaban mirando el programa. Cuando lo hizo, en Scarborough, al este de Toronto, una mujer que lo estaba mirando cayó al suelo y comenzó a gritar, patear y manifestarse. Nos trajeron a esta mujer a Downsview para que hiciéramos liberación. Lo que nos sorprendió fue que los demonios se manifestaron como resultado de alguien que habló y se dirigió a ellos por televisión, lo cual demuestra que la transferencia se puede producir vía televisión o películas.

Otros casos: Tenemos muchas referencias de jóvenes que actúan en forma extraña o caen en medio de convulsiones demoníacas durante los recitales de rock. Muchos intérpretes realizan sus recitales y grabaciones bajo la influencia de drogas, así que ¿qué otra cosa puede esperarse de quienes los están mirando y escuchando y entran en el mismo espíritu? La transferencia de espíritus puede producirse en las amas de casa que miran una novela o aquellos que miran programas o revistas pornográficas. Un sinfín de problemas se originan en estos ambientes.

Todos hemos visto cómo se produce este fenómeno en iglesias, hogares y en la sociedad toda. Sucede en lo político, en lo social, pero su origen es espiritual. Escribo este libro para ayudar a los creyentes que están en el ámbito espiritual, a quienes están en el movimiento carismático, expuestos a todas clases de espíritus, espíritus que se acercan como "ángeles de luz" pero son destructivos y perturbadores. En las siguientes páginas trataremos el tema bíblica y prácticamente.

2. El hombre natural no comprende

"**P**orque ¿quién de los hombres sabe las cosas del hombre, sino el espíritu del hombre que está en él? Así tampoco nadie conoció las cosas de Dios, sino el Espíritu de Dios. Y nosotros no hemos recibido el espíritu del mundo, sino el Espíritu que proviene de Dios, para que sepamos lo que Dios nos ha concedido, lo cual también hablamos, no con palabras enseñadas por sabiduría humana, sino con las que enseña el Espíritu, acomodando lo espiritual a lo espiritual. Pero el hombre natural no percibe las cosas que son del Espíritu de Dios, porque para él son locura, y no las puede entender, porque se han de discernir espiritualmente"* (1 Corintios 2:11-14).

Es muy evidente que el hombre natural no comprende las cosas de Dios. Por consiguiente, este mismo hombre no comprende las cosas de Satanás. Dado que el hombre espiritual comprende las cosas del Espíritu de Dios, también debería comprender las cosas del espíritu del demonio. Pero... aquí está el problema. Aunque muchos han recibido instrucción sobre las cosas del Espíritu Santo, pocos han sido instruidos en las cosas del espíritu inmundo.

Pocos seminarios o institutos bíblicos tienen cursos sobre el demonio o demoniología. ¿Cuántas veces escuchó usted a una persona que haya ido a la iglesia a dar un sermón sobre los ángeles caídos y sus actividades? De alguna forma, pensamos, como la ostra del cuento, que si cerramos nuestros ojos y nuestro entendimiento a su presencia, el enemigo se irá. Aun los cristianos llenos del Espíritu, harán un comentario tan poco sabio como: "Mientras haya dos tercios de ángeles buenos alrededor, no tengo porqué preocuparme por el tercio restante de ángeles caídos", o "Yo le dedico todo mi tiempo y mis pensamientos al Señor. No tengo tiempo ni interés para las obras de Satanás".

Ahora bien, ese tipo de afirmaciones pueden sonar muy buenas, honorables y espirituales, pero lamentablemente son poco realistas. Afortunadamente, hay personas espirituales que están preocupadas por el Señor, comprometidas y en constante comunión con él, que se han colocado toda la armadura, porque se dan cuenta de que hay un enemigo que está buscando destruir a los hijos de Dios.

Trabajar con el mundo espiritual generalmente no nos hace ganar respeto o compañerismo, ni siquiera de parte de los demás ministros. En cambio, quizá ellos sean los primeros en fruncir el ceño o deslizar algún comentario poco favorable sobre un hermano que se atreve a exponer al enemigo. No lo hacen necesariamente porque estén a favor del enemigo, sino porque no comprenden lo serio que es el tema y la habilidad y las artimañas del adversario.

Esto no sólo sucede en el mundo espiritual, sino también en el ámbito de la tecnología. Cuánto se burlaron de los inventores del teléfono o la electricidad... se mofaron de ellos llamándolos "soñadores"; sus seres queridos los rechazaron; otros publicaron que eran unos tontos. Esto les sucede tanto a los exploradores, como a los médicos, los ecologistas, los religiosos o los científicos.

Pensemos en la angustia de Luis Pasteur en su investigación de los microbios y en su ansiedad por demostrar la peligrosidad de los gérmenes. Sólo después de que Anton Van Leeuwenhoek inventó el primer microscopio pudo Pasteur ver esos pequeños gérmenes.

Los científicos Spallanzani y Swan decían que eran demasiado pequeños e insignificantes como para afectar a la humanidad, que era un tema sin importancia que no merecía la investigación y el interés de mentes inteligentes. Es claro el paralelismo con la actitud de los teólogos hacia la existencia y el obrar del mundo demoníaco. El profesor Balard le preguntó un día a Pasteur: "¿Qué es lo que está estudiando con tanto interés?" Su respuesta fue: "Organismos vivos, o gérmenes." Para esta época, Pasteur ya había resuelto el enigma de Mitscherlich, que había dejado atónitos a todos los mejores científicos. Dado que ahora tenía renombre mundial, algunos se atrevieron a escucharlo.

Pasteur estaba convencido de que la fermentación se debía a la obra de algunos gérmenes especiales; que un determinado germen hacía que la leche se volviera ácida y produjera ácido láctico; que otro germen producía el ácido acético, y otro producía ácido úrico. Balard replicó: "Hijo mío, tienes la extraña capacidad de inventar las teorías más increíbles sin ningún fundamento. Esta teoría tuya hará que te metas en problemas. Los científicos te ridiculizarán y te pedirán explicaciones. Ellos creen que esos gérmenes microscópicos, a los que les das tanta importancia no tienen ningún valor." La respuesta de Pasteur fue breve: "Estoy listo". Y probó que los organismos microscópicos eran producidos por otros organismos vivos microscópicos. Estaba convencido de que si un área era estéril y estaba libre de cualquier microorganismo vivo, ninguno se produciría espontáneamente. Esto condujo a la teoría de que si estos microorganismos podían ser destruidos por el calor, los alimentos estarían libres de gérmenes. El proceso se llamó "pasteurización", y tanto la ciencia médica como nosotros nos beneficiamos con él.

Pasteur estaba plenamente comprometido con su batalla contra la enfermedad, cuando, siendo aún joven, sufrió un ataque que le provocó la pérdida del habla y el control de sus músculos. Tan pronto como recuperó suficientes fuerzas, comenzó a trabajar nuevamente. La pérdida de su pequeña hija le dio una razón para comprometerse hasta la muerte. Pronto estaría expuesto al mayor ridículo, pero también a los más grandes descubrimientos.

Estudiando los hábitos del germen del cólera, de día y de noche, no descansó hasta que descubrió una vacuna. Los médicos y los veterinarios lo acusaron de meterse en terrenos que no conocía.

Pesteur siguió trabajando hasta que elaboró la vacuna para el ántrax, que mataba miles de animales de ganado vacuno y ovino.

Francia le otorgó muchos honores, incluyendo la Gran Cruz de la Legión de Honor. Hoy en día todos nos beneficiamos con los resultados de los estudios y los descubrimientos del profesor Luis Pasteur. Pero él tuvo que pagar el precio. Hoy, sus descubrimientos son hechos científicos.

Por lo tanto, es tonto que yo trate de probar la realidad de la transferencia de espíritus a quien no está vivo y alerta espiritualmente. A menos que tenga el Espíritu de Cristo habitando en él, no podrá comprender el tema. Aun un cristiano nacido de nuevo, lleno del Espíritu, tendrá que pedirle en oración al Espíritu Santo que le dé apertura y comprensión. El enemigo hará todo lo posible para que esta verdad no llegue a los creyentes, porque es un arma que él utiliza muy efectivamente para causar desorden, confusión y destrucción en las filas de los hijos de Dios.

Si el enemigo, en lo natural, tuviera un arma con la que pudiera convertir la oposición en sumisión, confusión, rebelión y rendición, haría todo lo que estuviera a su alcance para protegerla para que nadie la descubriera.

Quisiera que usted reflexionara en el hecho de que el enemigo está haciendo precisamente eso por medio del arma que es la tranferencia de espíritus. Vez tras vez él ha causado división utilizando fuertes ataduras personales en las organizaciones y entre quienes no pertenecen a organización alguna. Ha utilizado el espíritu de rebelión para provocar divisiones, fragmentaciones, cultos y doctrinas, y desorden en las filas del pueblo de Dios. Las personas dominantes han puesto su espíritu sobre los de las personas sumisas y las han llevado cautivas a una matanza espiritual.

Trate de hacerlos reaccionar ante el peligro que están sufriendo, y se encontrará hablando ante un par de ojos fijos, como si fueran víctimas de un estado hipnótico, que sólo aceptan la guía de su agresor. He tratado de razonar con personas en esta situación y sólo pude ver que su raciocinio en esta área estaba tan plagado de prejuicios que se hacía imposible reflexionar.

Algunas veces me he preguntado si no habían cedido a esa oscuridad porque permitieron que la luz que había en ellos se convirtiera en tinieblas. Hace algún tiempo hubiera desesperado, pero en los últimos años he descubierto que el siervo de Dios tiene un remedio, y que él tiene el derecho y la autoridad para "atar y desatar" en el mundo espiritual. *"...y todo lo que atares en la tierra será atado en los cielos; y todo lo que desatares en la tierra será desatado en los cielos"* (Mateo 16:19).

Ahora bien, si alguien que alguna vez tuvo luz pudo caer en tal oscuridad espiritual que ya no puede ver lo que le ha sucedido, ¿qué queda para la persona que jamás ha tenido luz? En los capítulos siguientes, mostraré lo que Dios nos ofrece para impartir un buen espíritu de una persona a otra, y veremos cómo espíritus malignos o errados pueden tranferirse de una persona a otra. Quisiera hacer una distinción entre espíritus "malignos" y "errados". Sabemos que el "Espíritu del Señor" puede venir sobre una persona. Es un acto directo, soberano, de Dios. Un creyente puede poseer el Espíritu Santo e impartir un buen espíritu a otro u otros. Este podría ser su propio espíritu, que puede no ser malo. Pero también está el "espíritu maligno" que puede venir sobre una persona. Este es un acto directo y soberano de Satanás.

Esto no puede sucederle a creyentes que habitan bajo el abrigo de la sangre de Cristo. Pero hay un área donde los creyentes pueden ser atacados, aunque no poseídos, de la que hablaremos más tarde.

Una persona puede estar bajo el control o aun la posesión de espíritus malignos e impartir estos espíritus a otra u otras.

También, una persona puede impartir su propio espíritu a otros, sin que necesariamente sea un espíritu "maligno". Estas áreas requieren de un estudio más profundo que efectuaremos en otros capítulos.

Pero volvamos al tema original de este capítulo. Dado que estoy tratando un tema no sólo controversial sino sobre el cual hay poco o nada escrito (aunque sí hay mucho en la Biblia), debo hacer todo el esfuerzo necesario para enfatizar que el hombre natural no comprenderá la "transferencia de espíritus".

El hombre natural, o quizá mejor conocido como el hombre psicológico, no comprenderá las cosas del Espíritu porque para obtener conocimiento depende de sus cinco sentidos: vista, audición, olfato, gusto y tacto. No es necesario elaborar complicadas teorías para demostrar el hecho de que este hombre acepta (aunque no las comprenda) las cosas de este mundo que no puede probar, pero no hará lo mismo con las cosas del mundo espiritual. El hombre espiritual, por el contrario, descubre que las cosas que no ve son más tangibles que las que sí ve.

"...no mirando nosotros las cosas que se ven, sino las que no se ven; pues las cosas que se ven son temporales, pero las cosas que no se ven son eternas" (2 Corintios 4:18).

Ahora bien, si yo quisiera hacerle conocer a una persona un hermoso jardín de flores, apelaría a sus sentidos. Le diría: "Ven conmigo, mira estas hermosas rosas, toca los pétalos aterciopelados, inclínate y llena tus pulmones de su maravilloso perfume." La respuesta, por supuesto, sería: "Son hermosas, y su perfume es suave." Pero si quiero que alguien pueda comprobar la belleza del mundo del Espíritu de Dios y los horrores del mundo espiritual de Satanás, debo apelar a aquellos que operan con un sexto sentido: el ser espiritual.

Observemos que una persona nacida de nuevo y llena del Espíritu Santo se comunica con Dios en este ámbito.

"El Espíritu mismo da testimonio a nuestro espíritu, de que somos hijos de Dios" (Romanos 8:16).

De la misma forma que el hijo de Dios se comunica en el ámbito espiritual con Dios, así el siervo de Satanás se comunica en el ámbito espiritual con su dios. El espiritismo, la necromancia y las demás formas de comunicación con lo oculto son reales. Es cierto que los hijos de Satanás prefieren esos espíritus.

Confirmaremos esta temible realidad más adelante.

El hecho es que el hombre natural, no regenerado, el hombre dual, psíquico y físico, que obra sólo por medio de sus cinco sentidos del cuerpo, no puede comprender las cosas que son del Espíritu de Dios. Debo llegar a la siguiente conclusión: que el hombre nacido de nuevo que no "anda en el Espíritu", sino que sólo se ocupa de las cosas naturales, no puede discernir las cosas del Espíritu. Los temas tales como la "transferencia de espíritus" le parecen tonterías, y la posibilidad de la posesión demoníaca, una verdadera insensatez. En realidad, algunos cristianos hasta encuentran difícil creer en los ángeles. Un cristiano dijo: "¿Ha visto usted algún ángel? A menos que vea a uno con mis propios ojos, no creeré." Pero la Palabra de Dios registra vez tras vez la existencia, apariencia, palabras y obras realizadas por ángeles. En otros capítulos lo estudiaremos.

Pero, ¿por qué somos tan lentos para aceptar algo tan real? La realidad del mundo espiritual está documentada por la Escritura y la experiencia. La transferencia de espíritus, buenos o malos, está también documentada por la Biblia y la experiencia.

Veámoslo.

3. Transferencia de un buen espíritu

E l espíritu que estaba en Moisés fue transferido a los setenta ancianos:

"Entonces Jehová dijo a Moisés: Reúneme setenta varones de los ancianos de Israel, que tú sabes que son ancianos del pueblo y sus principales; y tráelos a la puerta del tabernáculo de reunión, y esperen allí contigo. Y yo descenderé y hablaré allí contigo, y tomaré del espíritu que está en ti, y pondré en ellos; y llevarán la carga del pueblo, y no la llevarás tú solo" (Números 11:16,17).

Esta gran unción que estaba sobre Moisés fue derramada sobre los setenta, y ellos profetizaron. El Espíritu del Señor vino sobre Moisés. Y de Moisés, el Señor tomó el espíritu que estaba en él, y se lo dio a los setenta ancianos. Si iban a tener un mismo pensamiento, deberían tener un mismo espíritu. Los hombres que trabajarían con Moisés debían tener su espíritu. Cuando esto no sucede, encontramos discordia, división y separación. Esto se hace visible cuando los co-pastores, líderes de jóvenes o ancianos tienen espíritus contrarios.

Una clave del éxito del apóstol Pablo fue que Timoteo y Tito y otros colaboradores suyos eran del mismo espíritu que Pablo.

Habían sido criados e inspirados por él. Andaban en su espíritu, fieles a él y sus caminos. Por consiguiente, había armonía, buena voluntad y éxito.

Donde existe un pastor que busca ayuda de afuera, hay un gran peligro de fracaso. El colaborador que llega, sea líder juvenil, anciano, director del coro o lo que sea, viene con "otro espíritu". Muy pocos pueden despojarse de este "otro espíritu" y en la mayoría de los casos ni siquiera saben que están bajo su guía. (Usted dirá: "¿Existe eso realmente?" Más tarde le probaré que sí.) Puede llegar con el espíritu de quien lo llevó al Señor, o de su anterior pastor o colaborador, que no necesariamente es malo, pero quizá no esté en armonía con el que lo recibe. Alguien puede decir: "Pero el Espíritu de Dios está en todos, y por eso no debería haber ninguna división." ¡Totalmente de acuerdo! Pero dígame... ¿por qué hay divisiones, desacuerdos y separaciones? La respuesta es muy simple. No era el mismo Espíritu el que estaba en el pastor Moisés y el resto de los ancianos. El Espíritu que estaba en Moisés y luego en los setenta, los hizo tener un mismo pensamiento.

Había sumisión.

Aceptaron la autoridad.

Trabajaron para el beneficio de todos.

No formaron grupos.

Apoyaron a Moisés todos los días de su vida.

Examinemos las iglesias y organizaciones religiosas de la época actual y veremos esta verdad en funcionamiento... o no. Las iglesias fuertes, cuyas membresías llegan a miles de personas, tienen co-pastores, diáconos, directores de coro, maestros de escuela dominical que respetan, admiran, se someten y casi imitan a su pastor. Tienen un espí-

ritu, una visión, una carga, una determinación. Hay crecimiento, fortaleza, felicidad, logros.

Cuando llega un colaborador orgulloso, con otra visión
y otro espíritu, pronto se produce un desorden de los seguidores que lleva a lealtades divididas y destinos separa-
dos.

Hoy en día se habla mucho en el cuerpo de Cristo del
gobierno pluralista, de la "igualdad en el liderazgo", de la
democracia bíblica. Jamás he descubierto en la Biblia una
democracia establecida por Dios. Cada vez que los hijos
de Israel eligieron la democracia, ya fuera fomentada por
María y Aarón o Coré, Datán y Abiram, siempre trajeron
sobre ellos el juicio de Dios. La séptima iglesia del Apocalipsis, Laodicea, que significa "gobierno del pueblo" o de
la multitud, fue condenada por el Señor. El gobierno de
Dios es la teocracia.

La iglesia del Nuevo Testamento dio origen al ministerio
apostólico de Pablo, pero lo vemos constantemente a la
cabeza de cada iglesia que fuera iniciada por su ministerio. Aunque se ordenaban ancianos que tenían responsa-
bilidades pastorales en la iglesia, siempre lo hacían en sumisión a su autoridad apostólica.

Ya entre los primeros discípulos, Jacobo declara qué posición debían tomar en un importante tema doctrinal:

*"Por lo cual yo juzgo que no se inquiete a los gentiles que
se convierten a Dios, sino que se les escriba que se aparten
de las contaminaciones de los ídolos, de fornicación, de
ahogado y de sangre"* (Hechos 15:19,20).

Es bíblico que los hermanos compartan y guíen, pero
¡pobre del grupo de ancianos, diáconos o colaboradores
que no tengan un líder ungido por Dios que pueda decir:
"Este es el camino, la verdad; andaremos en ella."

El Espíritu que estaba sobre Moisés fue puesto en los setenta.

Ahora que iban a colaborar con él, necesitaban el mismo Espíritu que él tenía. No estaban haciéndose cargo de su responsabilidad; estaban ayudando y brindando cuidados pastorales al pueblo con el mismo espíritu de Moisés.

Si una iglesia tiene un líder en el que habita el Espíritu Santo, y colaboradores, líderes que reconocen este hecho y reciben de ese Espíritu, veremos fortaleza, crecimiento y armonía, de forma que las fuerzas del enemigo no podrán penetrar allí. Los ancianos que trabajan con las familias traerán paz, unidad, cooperación y fidelidad al pueblo. El director de la escuela dominical podrá impartir este espíritu a los maestros, y ellos a los alumnos. El líder de jóvenes lo impartirá a la juventud. Pero si una persona que tiene "otro espíritu" rompe esta cadena de lealtad, pronto se producirán grandes destrozos.

Alguien dijo que una cadena es tan fuerte como el más débil de sus eslabones. Así que el espíritu de unidad y lealtad sólo es fuerte hasta que uno de los eslabones tenga un espíritu contrario.

El gran peligro es que el espíritu contrario puede afectar a los eslabones contiguos a menos que se lo reconozca y se trabaje con él. Una y otra vez he visto suceder esto en iglesias y organizaciones en las que un espíritu contrario socava el reino de Dios.

Algunos ejemplos:

Caso 1: Mi padre era pastor de una iglesia evangélica. Un día, dos evangelistas y maestros itinerantes llegaron a la iglesia con "nueva luz" y "enseñanzas más profundas". Luego de consultar con varios ancianos, les permitieron que entraran a la iglesia.

Enseñaron, cantaron y trajeron lo que parecía ser un avivamiento a la iglesia. Mi padre, turbado en su espíritu, les expresó su preocupación a otros ancianos, pero ellos no tomaron en cuenta sus palabras, y las reuniones siguieron durante dos meses. Las reuniones de oración duraban toda la noche y causaban trastornos de salud a los hermanos. Más tarde se supo que estos dos hombres eran culpables de actos de inmoralidad, por lo cual huyeron del país, pero su espíritu permaneció y produjo una división irreconciliable en la iglesia, que jamás pudo recuperarse.

Caso 2: La iglesia donde asiste la madre de mi esposa tenía un pastor que era bueno como maestro pero no para la tarea pastoral.

El debía dejar la iglesia. Un anciano se propuso hacer que el pastor saliera. Habló mucho con otro anciano, le transfirió su espíritu de descontento y juntos se pusieron a contagiar ese espíritu. Visitaron a los miembros de la iglesia, les impartieron su espíritu, y consiguieron que firmaran una petición para echar al pastor. Cuando llegaron a la casa de mi suegra y comenzaron su tarea, ella reconoció el espíritu que estaban impartiendo y lo resistió. Cuando le mostraron la petición para que la firmara, justamente indignada, la tomó y la rompió en pedazos. Luego reprendió ese espíritu con autoridad dada por Dios. Como consecuencia, surgió el desafío de orar por el tema y permanecer firmes. Así lo hicieron, y dos meses después el pastor recibió una propuesta para enseñar en un instituto, la cual aceptó. La congregación se salvó de los tormentos de la división porque una persona se negó a aceptar un espíritu que no era de Dios.

Caso 3: Un pastor tenía una iglesia feliz y pujante que crecía hasta desbordar. Los colaboradores trabajaban en armonía. La iglesia tenía obras misioneras, publicaciones, un instituto bíblico, un ministerio televisivo; era la envidia de toda la ciudad. Durante uno de los seminarios que se dictaban allí, vino un maestro con un espíritu y una doctrina contrarios. Para no tener problemas, el pastor le permitió subir al púlpito. El pastor actuó en forma poco sabia; pero dado que este maestro había sido recomendado por un anciano de la iglesia, pensó que sería mejor tratar de calmar la tormenta que se avecinaba. En el breve tiempo que ese maestro estuvo en la iglesia, les impartió su espíritu a los colaboradores y líderes de la misma. La primera reunión de líderes después de esos días fue un caos. Los líderes estaban de lado del extraño. En los días siguientes, los líderes y ancianos renunciaron a sus puestos. Algunos de los que se fueron siguieron llevando ese mismo espíritu y todas las familias que se reunían con ellos lo captaron también. Si las personas comprendieran lo que es la transferencia de espíritus, evitarían ese peligro. Cada persona que rechaza esa posibilidad, pronto se convierte en víctima. Surge la pregunta: ¿Por qué estas personas no reconocen ese espíritu y se apartan?

La respuesta es simple, y al mismo tiempo no lo es. Si este maestro hubiera llegado como un "león rugiente", habría sido fácil de detectar. Si su enseñanza hubiera sido totalmente liberal o una total desviación de la verdad reconocida, habría sido fácil de detectar. Pero dado que su sonrisa y su mensaje proyectaban verdad, era difícil ver el fruto de ese ministerio.

El fruto tarda en madurar. Los resultados no siempre se ven en un día, una semana o un mes. Reflexionemos un año más tarde y veremos las "bajas" que ha causado ese ministerio. Entonces no se necesitará tanto poder de discernimiento. Un espíritu se puede transferir desde el púlpito, pero seguramente hay más oportunidad de que suceda en una relación de persona a persona.

Si usted se da cuenta de que ha sido afectado por un espíritu así, hay sólo una solución. Recházcelo totalmente en el nombre de Jesús. Recobre el territorio que ha rendido a ese espíritu en el nombre de Jesús. Al final de este libro encontrará más información sobre cómo obtener liberación.

4. *Transferencia de un mal espíritu*

Números 13: 26-33; 14: 1,2

Los creyentes seguramente ya conocen la siguiente historia. De todos modos, recordemos brevemente el incidente.

Los israelitas estaban en Cades-Barnea, junto al Jordán, mirando hacia Canaán. Habían recibido instrucciones de elegir un hombre de cada una de las doce tribus y enviarlos a espiar la tierra. Estos hombres eran capitanes de miles, principales de las tribus, y considerados líderes de Israel. Entre los doce, y en última instancia, entre los diez, había uno de personalidad muy interesante, que contagió un mal espíritu al pueblo. Su nombre era Setur (Números 13:13). Setur, del hebreo *sathar*, significa "esconder o mantener en secreto". Su valor numérico es 666. No estoy sugiriendo que tenga alguna relación con el 666 de Apocalipsis 13, pero el espíritu está ahí.

Alguno de los diez persuadió a los líderes de que trajeran un informe lleno de temor a los hijos de Israel. Tengo mis sospechas. Ahora veamos: El hombre natural viene como "ángel de luz".

(a) "Llegamos a la tierra a la que nos enviaste". Sí, está ahí.

(b) "Ciertamente fluye leche y miel".

(c) "Este es el fruto de ella." Dos hombres llevaban un un racimo de uvas, que se sabe que pesaba entre 12 y 23 kilos. (Hace poco, cuando viajamos a Israel, vimos palos con racimos de uvas. Aún hoy se ven esas uvas que son grandes como ciruelas.)

Pero aquí están los puntos negativos:

PERO:

(a) "El pueblo que habita aquella tierra es fuerte".

(b) "Las ciudades muy grandes y fortificadas".

(c) "Vimos allí gigantes... y éramos nosotros... como langostas".

Primero llegaron como "ángeles de luz". La Palabra de Dios y la de Moisés eran ciertas. La tierra, la leche, la miel y las frutas estaban allí. Pero Caleb tenía otro espíritu. Se puso de pie de un salto, hizo callar a los hombres, y dijo: *"Subamos luego, y tomemos posesión de ella; porque más podremos nosotros que ellos"* (v. 30). Caleb tenía un espíritu diferente a los diez. En Números 14:24, Dios dijo:

"Pero a mi siervo Caleb, por cuanto hubo en él otro espíritu, y decidió ir en pos de mí, yo le meteré en la tierra donde entró, y su descendencia la tendrá en posesión."

Aquí vemos dos espíritus que quieren captar a las personas.

Uno era contrario al otro. Uno es el espíritu de incredulidad vestido de ropajes de espíritu práctico. "Lo vimos, es cierto, es grandioso... pero no podemos." El enemigo nunca llega a los hijos de Dios como león rugiente. ¿Lo ha oído últimamente? "El pastor trabaja tanto... Ha hecho grandes cosas, pero..." y se siembran las preguntas y las dudas. "Esa hermana es una gran mujer de oración, y tiene un gran corazón, pero..."

Veamos ahora cómo Josué y Caleb actuaron en fe:

(a) "Más podremos nosotros que ellos".

(b) "Jehová... nos llevará a esta tierra".

(c) "Nos la entregará".

(d) "Nosotros los comeremos como pan".

(e) "Su amparo se ha apartado de ellos".

(f) "No los temáis". (Números 13: 30; 14: 7-9).

La pregunta es: ¿Quién ganará? El pueblo, ¿les creerá a los diez espías que dieron informes negativos-positivos? El enemigo siempre usa lo positivo para abrir la puerta de nuestro espíritu y luego coloca allí dudas, temor, orgullo y ambición. ¿O les creerán a Josué y Caleb, que tenían "otro espíritu" que el de los diez? Bueno, por supuesto, el relato es claro. Siguieron el espíritu y el consejo de los diez. ¿Por qué?

Sugiero varias razones:

(1) Existe la tendencia de seguir la decisión de la mayoría.

Las juntas de las iglesias, de las denominaciones o grupos que forman asambleas, tienen la tendencia de aceptar la voluntad de la mayoría como voluntad de Dios. Pero no existen muchos relatos de la Biblia en que la decisión de la mayoría fuera correcta.

Naturalmente, esto sería válido si la mayoría anduviera y actuara en el Espíritu de Dios.

(2) Trajeron un mensaje negativo. Los seres humanos tenemos la tendencia a creer los mensajes negativos. "El hermano Smith lideró un gran avivamiento en Europa", o "el hermano Smith fue hallado culpable de adulterio". ¿Qué mensaje se difundiría más rápido?

(3) El pueblo era de hombres de gran estatura, gigantes. "Si aceptamos el informe positivo, nos van a llamar a la

batalla. Si aceptamos el informe de la mayoría, no tendremos que hacer nada.

Sólo queremos quedarnos aquí, contentos con el estado en que están las cosas. Después de todo, nosotros enviamos a esos hombres, y ellos son los enviados reales, así que debemos aceptar su informe y actuar en consecuencia." Ya tenían pensado que al aceptar el informe de la mayoría estarían justificados y libres de obligaciones.

La verdad del asunto, como lo señala este relato, era que estaban bajo el espíritu de los diez, y se convirtieron en presas fáciles de un espíritu satánico de incredulidad y temor. Dios mismo ratifica esta situación, declarando que Caleb y Josué eran "de otro espíritu" que el de los diez.

Aunque les pareció razonable y fácil seguir el informe de los diez, porque dejaron que su espíritu los controlara, todos perecieron en el desierto. Los niños y jóvenes menores de veinte años salvaron sus vidas porque no siguieron el ejemplo de sus padres. Cuando Josué se reunió con la nueva generación, y escuchó el informe de los dos espías,

"Y dijeron a Josué: Jehová ha entregado toda la tierra en nuestras manos; y también todos los moradores del país desmayan delante de nosotros" (Josué 2:24).

ellos recibieron el espíritu de fe y coraje. ¿El resultado?

Entraron victoriosos en la tierra que el Señor les había prometido.

Esto sigue siendo cierto en la actualidad. Un pastor, atrapado por la fe y una visión para su ciudad, nación o mundo, la comunica a otros, y pronto muchos más se unen a él en la tarea.

Las cosas funcionan. Pero al enemigo esto no le gusta, por lo que trata de plantar obstáculos, ya sea en el equipo de colaboradores o en la congregación.

En la misma ciudad hay otro pastor que tiene poco o nada de visión. Está contento con tener unos pocos con los que pueda tener comunión. Todo está bien mientras llegue el dinero necesario para pagar las cuentas, mientras él pueda tomarse días libres, pasar todo el tiempo posible con su familia y amigos y mantenga un nivel aceptable en lo que concierne a él y a sus amigos. Mientras tanto, la comunidad, la ciudad y la nación se van a una eternidad sin Cristo y no hay ningún sonido de trompeta que llame a la batalla.

Cuando construimos el Centro Cristiano, escribimos en la piedra fundamental: "Armería de nuestro Señor Jesucristo". Aquí los soldados vienen a entrenarse para batallar y ganar victorias para nuestro Señor. El territorio enemigo debe ser conquistado y debe establecerse el reino de Dios. Que siempre sea así, hasta que Jesús regrese.

Si no tenemos cuidado, podemos adoptar el espíritu de las personas con las que compartimos. Si su espíritu es el correcto, su visión, su carga y su fe son inspiradas por Dios, en otras palabras, si su espíritu es de Dios, es bueno estar en compañía de ellas. Esto puede aplicarse a una reunión de creyentes, una familia o un individuo.

Si su espíritu es contrario a lo que mencionamos, y usted absorbe ese espíritu, está en problemas. Nuevamente lo digo: debemos ser cuidadosos en discernir estos espíritus. El enemigo no siempre viene como león rugiente. La mayoría de nosotros lo reconocería inmediatamente. Los diez espías empezaron diciendo: "Es una buena tierra." "Fluye leche y miel." "Aquí están las uvas de Escol." Luego siguió lo negativo: "Ellos son gigantes, nosotros somos langostas. Sus ciudades están amuralladas y por lo tanto son impenetrables." Ellos impartieron un espíritu de temor y de incredulidad a la multitud.

El enemigo sigue trabajando con el mismo principio hoy. Hace que sus siervos usen la Biblia y el nombre de Jesús en su ministerio, y el creyente común se confunde. Las sectas falsas usan invariablemente la Biblia, y hacen referencia a Dios, Jesús y el Espíritu Santo. Los frutos de los maestros pueden no existir, pero nos ciegan sus obras. Jesús nos enseñó que: "Por sus frutos los conoceréis" (Mateo 7:16).

Demos una ilustración: Un hombre causó una división completa en una iglesia. Había algunos problemas reales en esa congregación, que podrían haberse superado con un ministerio de reconciliación y restauración. Luego, este hombre fue a otras iglesias, pero no pudo compatibilizar con ningún pastor.

Finalmente se quedó en una iglesia porque estaba de acuerdo con el pastor en el tema de liberación. Esta relación duró poco.

Comenzó a asistir a una iglesia en la otra punta de la ciudad y en menos de seis meses creó su propio grupo en una sesión de liberación casera. Esto lo llevó a cortar la relación con su iglesia y establecer un centro de liberación de tiempo completo.

Desde entonces, varias personas me han pedido que ministre a algunos que habían ido a vivir a ese centro buscando ayuda, pero que sólo lograron salir más confundidos y atormentados.

En ese "centro de liberación", leían la Biblia, usaban el nombre de Jesús intentando echar fuera demonios, oraban, cantaban, y, a su manera, adoraban. Un día vino a verme una señora que había estado en ese centro. Apenas entró me di cuenta de que estaba muy mal. No podía estar sentada tranquila.

Retorciéndose las manos, con los labios temblando, pasándose una mano por el cabello, finalmente explotó: "Estoy llena de demonios. Me están volviendo loca." De alguna manera pude tranquilizarla, asegurándole que su problema podía ser solucionado y que había esperanza de redimirla. Se calmó lo suficiente como para contarme los pasos previos. Su historia, en resumen, era ésta: Ella se sentía atormentada por la culpa y otros complejos. Entonces, una amiga le aconsejó que fuera a este "centro" para ser liberada de los demonios. Allí la aceptaron muy cordialmente y le dieron alojamiento por un tiempo. Al principio, ella creyó que había hecho lo correcto. Pasó una semana. Lo que parecía ser un alivio temporario pronto se hizo pedazos. Un pequeño desacuerdo con el líder de este grupo trajo este espíritu a la luz. Palabras y obras de la carne, como luchas e iras, se hicieron claramente visibles. Cuando ella se decidió a dejar el lugar, estas obras aumentaron, haciendo que la separación fuera dolorosa y atormentada. Ahora ella estaba convencida de que había "otros siete espíritus malignos" que la poseían.

Ella jamás hubiera ido a ese "centro de liberación", a esa casa, si otra persona no le hubiera recomendado que fuera. Jamás se hubiera quedado durante una semana si allí no hubiera habido lectura bíblica, oración y si no se hubiera mencionado el nombre de Jesús. Fue necesario que hubiera un desacuerdo para que se desenmascarara el verdadero espíritu de ese líder. A partir de este hecho, ese centro se cerró y el autoproclamado ministro ha dejado el ministerio. Cuidémonos de los líderes que parecen hacer grandes demostraciones de supuestos dones del Espíritu, pero no manifiestan en forma consistente el fruto del Espíritu. Sigue siendo cierto que "por sus frutos los conoceréis".

5. Luchando contra los santos

E l capítulo seis de Efesios revela que Satanás está constantemente haciéndole la guerra a los santos. Tiene métodos, formas y medios, estrategias y planes con los cuales pretende hacer fracasar la obra de Dios en ellos. Los planes y el propósito de Dios para su pueblo se revelan en Efesios 4:13:

"...hasta que todos lleguemos a la unidad de la fe y del conocimiento del Hijo de Dios, a un varón perfecto, a la medida de la estatura de la plenitud de Cristo;"

En este versículo se ve claramente que Dios planea que su pueblo sea uno en "la fe" de su Hijo, que madure a su imagen y semejanza. Satanás tiene métodos para evitar que maduremos. El intenta que seamos como él, engañosos, mentirosos, malvados.

El apóstol Pablo tenía una imagen muy clara de lo que sucede en el mundo espiritual. El nos dice:

"Vestíos de toda la armadura de Dios, para que podáis estar firmes contra las asechanzas del diablo" (Efesios 6:11).

"Asechanzas" (*methodeias*) significa simplemente sus planes, métodos o estratagemas para engañar, esclavizar o atrapar las almas de los hombres para que pequen y así hagan nula la obra del Espíritu Santo que trabaja para producir en ellos la imagen y la semejanza de Cristo.

Por supuesto, este desarrollo de la semejanza de Cristo en nosotros es un asunto espiritual. Cuanto más pronto reconozca esta verdad un cristiano, más pronto aprenderá cómo resistir al diablo. Es descorazonador ver a Satanás maniobrar y usar a un hijo de Dios para lograr sus metas. Lo veo en muchas partes.

Líderes de denominaciones, misioneros, y todos nosotros caemos en manos del diablo y somos usados por él, mientras pensamos que estamos siendo usados por Dios. Aplique esta experiencia a su propia relación con su familia, con sus parientes o con sus compañeros de trabajo.

Una vez estuve en un país donde los obispos de las denominaciones históricas más importantes acordaron colaborar con un congreso sobre evangelismo y una cruzada, pero los líderes de la denominación pentecostal estaban divididos sin remedio: "Si 'tal persona' colabora o tiene un papel de liderazgo, no apoyaremos esta actividad." Mi reacción inmediata fue ser condicional: si no conseguimos apoyo pleno, sin condiciones, de todos los grupos, entonces no iremos. Cuanto más oraba por la situación y la analizaba en el Espíritu, más claro lo veía.

Pronto me di cuenta de que al imponer condiciones, estaría colaborando con ese espíritu inmundo de las "facciones". La alternativa era atar esos espíritus y reclamar la victoria para Cristo. Concordamos con otro hermano en que esto era obra del enemigo, y así pudimos vencer, en el nombre de Jesús, estas fuerzas opositoras y tuvimos una gran cruzada de victoria.

En otra ocasión en que fui a predicar al extranjero, dos de las personalidades más importantes estaban bajo el control de espíritus envidiosos, autocompasivos, ávidos de escalar posiciones. En algunos aspectos, eran personalidades fuertes y dominantes. Mi colaborador, que llegó antes que yo, sin experiencia en este tipo de guerra espiritual, bajó sus defensas.

Pronto se encontró sometiéndose a estas personalidades y violando casi todas las instrucciones que había recibido para organizar la cruzada. Cuando yo llegué, ocho días antes de que la cruzada comenzara, encontré caos en vez de preparativos ordenados. Luego de hacerle cinco o seis simples preguntas, no sólo yo me di cuenta de lo que había sucedido, sino que él también comprendió que había sido dominado. Sin experiencia en cuanto a cómo tratar con sus espíritus orgullosos y dominantes, temeroso de molestar a los líderes nacionales, cedió a la inacción y la falta de efectividad. Sólo había una cosa por hacer: discipular al joven mostrándole su error al ser demasiado amable y gentil, y tomar autoridad sobre la situación. La batalla continuó, pero no tomamos sólo la posición defensiva sino también la ofensiva. La noche anterior al último día de la cruzada, ganamos la última batalla para Cristo. La prueba de victoria fue su continuo pedido de disculpas por sus acciones. Ellos pidieron el perdón de Dios y de los hombres. Durante los últimos días, se desarrolló una comunión en las relaciones que jamás se había logrado antes.

Antes ellos se ofendían por cualquier decisión que se tomara sin consultarlos. Creían que debían ser consultados aun por los detalles más insignificantes, como qué personas serían visitadas; o a quiénes se les hablaría por teléfono; o a quiénes se les pediría que oraran durante la cruzada, o a quiénes se debía consultar por cualquier razón. Se sentían heridos y dolidos si no los consultaban y rápidamente contagiaban ese espíritu a otros.

Transferencia de Espíritus

Estos espíritus tuvieron que ser expuestos como no correspondientes a hombres de Dios, confesados y atados. Nuestra batalla no es contra hombres, sino contra los espíritus que los mueven y los controlan.

Porque no tenemos lucha contra sangre y carne, sino contra principados, contra potestades, contra los gobernadores de las tinieblas de este siglo, contra huestes espirituales de maldad en las regiones celestes" (Efesios 6:12).

Nosotros no luchamos (*pale*) contra sangre y carne, ni contra santos o personalidades humanas perdidas. Detrás de estas manifestaciones que no son de Dios, provenientes de amigos o enemigos, están los espíritus cuyo trabajo es crear condiciones desagradables.

Satanás tiene una estructura que descubrimos en el versículo 12:

(1) Principados (*archas*): Son gobernantes, seres espirituales de muy alto rango en el reino del diablo. Parecen ser de alto nivel y han mantenido esa posición desde tiempos inmemoriales.

Asociamos las palabras como "arqueología" o "arcaico" con algo que ha existido durante un largo tiempo.

El apóstol Pablo, que tuvo un atisbo de la estructura del cielo, supo de la posición y la fuerza de estos principados. Pero también reconoció que el Cristo resucitado tenía un nombre y una posición "sobre todo principado y autoridad" (Efesios 1:21).

Advirtiéndole a la iglesia de Colosas, el apóstol les señala nuevamente que los creyentes deben tener mucho cuidado:

"Mirad que nadie os engañe por medio de filosofías y huecas sutilezas, según las tradiciones de los hombres, con-

forme a los rudimentos del mundo, y no según Cristo" (Colosenses 2:8).

Esto es realmente lo que sucede en las aulas, cuando el espíritu del profesor, con sus vanas filosofías, se contagia a los alumnos, y ellos acaban creyendo una mentira. Pablo dice que tengamos cuidado de que esto no nos suceda a nosotros, puesto que en realidad somos parte de Cristo:

"y vosotros estáis completos en él, que es la cabeza de todo principado y potestad" (Colosenses 2:10).

Esta estructura de principados es definitivamente un poder reconocido. Los "creyentes" no deben temer, pues Cristo, nuestra Cabeza, está por sobre toda esta poderosa estructura. No obstante, luchamos contra estos poderes.

(2) Contra "potestades" (*exousias*), autoridades: Estos poderes parecen obtener su "autoridad" de los principados mencionados en primer lugar. Jesús les dijo a sus discípulos en Lucas 10:19: "He aquí os doy potestad" (*exousia*), autoridad delegada o el derecho de usar su poder para destruir las obras de Satanás cuando fuera necesario. Aquí, en Efesios 6:12 parece que estos poderes tienen autoridad delegada de los principados, y de Satanás mismo, para destruir la obra de Dios en los santos, así como para destruir la obra de los santos para Cristo.

¿Alguna vez se dio cuenta de que cuando realmente se dispone a hacer algo para el Señor, aparecen todo tipo de obstáculos y hasta factores que anulan su trabajo? Si lo reconocemos de una vez, y nos damos cuenta de que se nos ha dado autoridad sobre toda la autoridad de estos poderes malignos, la victoria está asegurada cuando ejercitamos nuestra autoridad. Aunque luchamos contra estos poderes, Dios ya ha provisto la victoria para sus hijos.

Esta "lucha" es entre los santos y los espíritus rebeldes. La autoridad de ellos deriva de Satanás y sus principados. La nuestra deriva de Dios y de su Hijo Jesucristo. Cada vez que fallamos en esta guerra, Satanás le echa en cara a Dios: "Mi poder es mayor que el tuyo." El poder de Dios es tan grande como la fe que tenemos para apropiarnos de lo que ha provisto para nosotros. ¡Qué importante es que aprendamos a apropiarnos de todo lo que nos ha provisto!

(3) Contra *"los gobernadores de las tinieblas de este siglo"* (*koshokratopas*). Estos son espíritus gobernadores del mundo. Son responsables de gobernar las naciones de este planeta. Ellos mantienen a los pueblos en oscuridad espiritual. Esto se puede ver muy claramente al viajar por el mundo. Donde hay creyentes llenos del Espíritu, que saben cómo orar en el Espíritu, se pueden ver algunas aperturas. Las autoridades de los gobiernos se vuelven más abiertas al evangelio y lo que éste representa. Es posible concretar una audiencia con el Jefe de estado que sea provechosa.

Naturalmente, los presidentes, primeros ministros y otros jefes de estado negarían la existencia de cualquier control o guía del mundo espiritual. Pero la nieguen o no, es real.

Daniel enfrentó a uno de estos gobernadores:

"Mas el príncipe del reino de Persia se me opuso durante veintiún días; pero he aquí Miguel, uno de los principales príncipes, vino para ayudarme, y quedé allí con los reyes de Persia" (Daniel 10:13).

Como antecedente de este encuentro, podemos ver en los versículos anteriores que Daniel había estado ayunando y orando durante más de tres semanas. Luego tuvo una visión (que no tuvieron los demás que estaban con él).

Vio en el mundo espiritual, y vio estos "gobernadores del mundo espiritual", que controlaban a las naciones, y ponían obstáculos al pueblo de Dios. El príncipe de Persia gobernaba esta parte del mundo para Satanás, que es el "dios de este mundo". Satanás tomó el control de este mundo de Adán, a quien se le había dado inicialmente todo el dominio. Satanás ahora es el gobernador (*archor*) de este mundo.

"Ahora es el juicio de este mundo; ahora el príncipe de este mundo será echado fuera" (Juan 12:31).

Jesucristo vino para dar su vida, pagar el castigo del pecado, y como segundo Adán, al dar su vida, (v. 32), restauraría los reinos a sí mismo. Ellos fueron perdidos por el hombre y serían restaurados por el hombre redimido. No es una palabra necia que se nos diga que debamos orar para que *"...venga tu reino, hágase tu voluntad, como en el cielo, así también en la tierra"*.

Satanás lleva a cabo su proceso de retener los reinos a través de estos gobernadores del mundo que se manifiestan a través de los gobernantes terrenales. Cristo realiza su proceso de restaurar el reino a través de sus autoridades celestiales y manifestándose a través de su cuerpo, la iglesia. Allí es donde se produce la lucha, el ejercicio espiritual en el que tan pocos se animan a entrar.

Jesús tenía plena conciencia de los derechos de Satanás.

"No hablaré ya mucho con vosotros; porque viene el príncipe de este mundo, y él nada tiene en mí" (Juan 14:30).

El reconoció a Satanás como príncipe de este mundo. También sabía que Satanás no debía tener ninguna parte legítima en su ser triuno. No había relación con Satanás en ninguna parte de su ser.

Cuando Adán pecó y entró la muerte, Dios reconoció el derecho de Satanás sobre el hombre y su dominio. Pero ahora, cuando Satanás lleva a la muerte a un inocente, sobre el que no puede reclamar nada, de ninguna forma, ¡el diablo debe rendir todo lo que el pueblo de Dios puede reclamar en el nombre victorioso y sin pecado del último Adán, Jesucristo!

La lucha entre las fuerzas de Satanás y las de nuestro Señor continúa en los cielos, y su manifestación se hace visible en la tierra. Dios dio profecías específicas a cumplirse en las naciones del mundo. Satanás sabe esto, y está poniendo obstáculos para ese cumplimiento con todos los poderes de que dispone. Dios también tiene ángeles que tienen como misión cumplir su voluntad (Mateo 13:41, 49).

La guerra en los cielos continuará hasta el tiempo del fin. Es bueno que recordemos cuál será el resultado.

"En aquel tiempo se levantará Miguel, el gran príncipe que está de parte de los hijos de tu pueblo; y será tiempo de angustia, cual nunca fue desde que hubo gente hasta entonces; pero en aquel tiempo será libertado tu pueblo, todos los que se hallen escritos en el libro" (Daniel 12:1).

"Después hubo una gran batalla en el cielo: Miguel y sus ángeles luchaban contra el dragón; y luchaban el dragón y sus ángeles; pero no prevalecieron, ni se halló ya lugar para ellos en el cielo. Y fue lanzado fuera el gran dragón, la serpiente antigua, que se llama diablo y Satanás, el cual engaña al mundo entero; fue arrojado a la tierra, y sus ángeles fueron arrojados con él.

Entonces oí una gran voz en el cielo, que decía: Ahora ha venido la salvación, el poder, y el reino de nuestro Dios, y la autoridad de su Cristo; porque ha sido lanzado fuera el acusador de nuestros hermanos, el que los acusaba delante de nuestro Dios día y noche. Y ellos le han vencido por medio de la sangre del Cordero y de la palabra del testimonio de ellos, y menospreciaron sus vidas hasta la muerte. Por lo cual alegraos, cielos, y los que moráis en ellos. ¡Ay de los moradores de la tierra y del mar! porque el diablo ha descendido a vosotros con gran ira, sabiendo que tiene poco tiempo" (Apocalipsis 12:7-12).

Es cierto que estos poderes están en guerra sobre los gobiernos de esta tierra. Hay naciones que tienen poco o nada de testimonio cristiano. Allí hay pecado, maldad, oscuridad, ignorancia, pobreza y enfermedad. El gobernador de las tinieblas tiene el control total. Puede comunicar sus deseos a los legisladores sin obstáculos. Pone su espíritu de opresión sobre los líderes. Oprimen a los pobres, a los cristianos y a la humanidad en general.

Donde hay un fuerte testimonio evangélico, la obra del enemigo enfrenta oposición. Los creyentes comienzan a orar por los líderes, aunque éstos no amen a Dios. Comienzan a atar al enemigo que quiere controlarlos, y pronto se marca la diferencia. Se aprueban leyes que muestran compasión por los pobres, que reconocen los derechos de todos los ciudadanos a adorar en libertad, y los derechos humanos básicos. Estas son todas batallas espirituales que no necesariamente se pelean en los pasillos de los congresos, sino en los cielos.

En la Biblia (Daniel 10:21) vemos que Miguel es el "príncipe" (en hebreo, *sar*), que quiere decir que es el gobernador principal de Israel. En el versículo 20 vemos que existe un príncipe de Grecia.

Pero de la misma forma que hay príncipes o gobernadores sobre naciones, también hay gobernadores o potestades sobre individuos.

Estas potestades pueden ser buenas o pueden estar destinadas a destruirnos.

Jesús dijo que cada uno de sus hijos tenía un ángel que ministraba bien a su favor:

"Mirad que no menospreciéis a uno de estos pequeños; porque os digo que sus ángeles en los cielos ven siempre el rostro de mi Padre que está en los cielos" (Mateo 18:10).

"¿No son todos espíritus ministradores, enviados para servicio a favor de los que serán herederos de la salvación?" (Hebreos 1:14).

El apóstol Pablo también habló de poderes malignos que deseaban ministrar al hijo de Dios. Por lo tanto, debemos reconocer que estamos en batalla, no contra sangre y carne, sino contra poderes espirituales en los lugares altos.

"(porque las armas de nuestra milicia no son carnales, sino poderosas en Dios para la destrucción de fortalezas,) derribando argumentos y toda altivez que se levanta contra el conocimiento de Dios, y llevando cautivo todo pensamiento a la obediencia a Cristo," (2 Corintios 10:4,5).

Observará que dice "destruyendo fortalezas". No es construir sino echar abajo. También dice "derribando argumentos". Los grandes argumentos de la tía Dorothy o Harry, el miembro del coro, no son realmente suyos. Esos argumentos imaginativos son los que siguen revolviendo las cosas constantemente y son obras del enemigo. Usted puede tratar de evitar a esas personas problemáticas, pero no estamos luchando contra carne y sangre. La persona que tiene esa imaginación desatada, que no es de Dios, está bajo el espíritu del maligno y está transfiriendo su espíritu a otros.

La guerra, y por lo tanto las armas, no pertenecen al ámbito natural, sino al espiritual. Si queremos vencer estos poderes, debemos reconocer al enemigo, y también que, como creyentes, estamos espiritualmente equipados y autorizados para vencerlos.

Nuestras armas no serán carnales, sino espirituales.

Luego, se supone que debemos llevar "cautivo todo pensamiento a la obediencia a Cristo". Los pensamientos del hombre no sólo han sido terreno de juego para el enemigo, sino el lugar donde los emisarios del diablo han ganado muchas batallas.

¿Ha tratado alguna vez de meditar, orar en quietud, o sólo esperar en el Señor? ¿Recuerda lo que sucedió?

Tengo que lavar y planchar el vestido de Susy. Hay que remendar las medias de Johnny. ¿Qué voy a cocinar para la cena? ¿Qué quiso decir el pastor con ese comentario? Quisiera saber por qué no me habló Mabel en el almuerzo. ¿Qué darán en la televisión esta noche?

Los hombres imaginan constantemente y tienen dificultad en cautivar cada pensamiento que no es para la gloria de Dios, como les sucede a las mujeres o a los jóvenes. ¿Quién nos está bombardeando en esos momentos con tantos pensamientos? Pablo nos dice claramente que es el maligno, y que debemos someter todos nuestros pensamientos a la obediencia a Cristo. Esta es una guerra espiritual. El enemigo está constantemente queriendo transferirnos su espíritu. Al escribirle a la iglesia de Efeso, Pablo dice:

"...en los cuales anduvisteis en otro tiempo, siguiendo la corriente de este mundo, conforme al príncipe de la potes-

tad del aire, el espíritu que ahora opera en los hijos de desobediencia, entre los cuales también todos nosotros vivimos en otro tiempo en los deseos de nuestra carne, haciendo la voluntad de la carne y de los pensamientos, y éramos por naturaleza hijos de ira, lo mismo que los demás. Pero Dios, que es rico en misericordia, por su gran amor con que nos amó, aun estando nosotros muertos en pecados, nos dio vida juntamente con Cristo (por gracia sois salvos), y juntamente con él nos resucitó, y asimismo nos hizo sentar en los lugares celestiales con Cristo Jesús," (Efesios 2:2-7).

(4) Contra *"huestes espirituales de maldad"* (*pneumatika ponerias*). Esto incluye todo poder y señorío (Efesios 1:21) sobre el cual está Cristo. Todos estos poderes, cualquiera sea su estructura o poder o cadena de mandos, cualquiera sea su función o habilidad, fueron creados con un propósito, aunque no podamos comprenderlo totalmente. Una cosa que sabemos es que en todas las áreas, El, Cristo, tendrá la preeminencia:

"Porque en él fueron creadas todas las cosas, las que hay en los cielos y las que hay en la tierra, visibles e invisibles; sean tronos, sean dominios, sean principados, sean potestades; todo fue creado por medio de él y para él.

Y él es antes de todas las cosas, y todas las cosas en él subsisten; y él es la cabeza del cuerpo que es la iglesia, él que es el principio, el primogénito de entre los muertos, para que en todo tenga la preeminencia;" (Colosenses 1:16-18).

Satanás y sus seguidores continúan luchando contra los hijos de Dios. Dado que es una batalla espiritual, se lucha principalmente en el ámbito espiritual. ¡Cómo debe de gloriarse Satanás cuando los hijos de Dios están dormidos o son ciegos a sus formas y sus estrategias para continuar con sus éxitos de guerra! Quiero señalarle que la transferencia de espíritus es una de las herramientas más efectivas de Satanás, y la menos reconocida por el pueblo de Dios.

COMUNICACION ESPIRITUAL

De la misma forma que las señales de radio viajan por el aire y rodean toda la tierra, (porque están en los hogares, en las oficinas, en todas partes), así se comunica Satanás con cada corazón no regenerado y utiliza cada persona que no es salva para dar órdenes a los que están en la tierra.

¡Alabado sea Dios, porque nuestro Señor se sienta en los cielos y se comunica con los redimidos, que obedecen sus órdenes! Cuántas veces, sin embargo, permitimos que nuestras frecuencias sufran interferencias de preocupaciones y cosas mundanas. La estática es tan fuerte que apenas escuchamos la "voz suave y apacible". ¡Con cuánta desesperación, nuestro Señor, nuestros ángeles guardianes y todos los ejércitos celestes que están a nuestro favor, deben de ansiar que seamos leales, sin doblez, deseosos de actuar en armonía con los deseos de Dios! ¿Por qué será tan difícil conocer la voluntad de Dios, oír su voz, conocer su presencia?

Cuántas veces vivimos de sustitutos: una experiencia emocional, "de segunda mano", inducida por un hombre, que parte del espíritu del hombre, mientras el Señor quiere esa verdadera comunión espiritual y la realidad de su presencia. Escuchar la voz del amado: "Tú eres mío, te he comprado". Escuchar su voz y obedecer, no importa cuál sea el precio de la obediencia... Eso es comunicación.

Hay muchos relatos bíblicos de comunicación espiritual.

Transferencia de Espíritus

Cuando el apóstol Juan estaba en Patmos, entre el cielo y la tierra se estableció uno de los mejores sistemas de comunicación "televisiva". Juan tuvo la capacidad espiritual de recibir una transmisión de cómo era el cielo. Juan nos da una descripción verbal de lo que vio. Por supuesto, no fue un caso aislado. Desde Moisés hasta la mayoría de los profetas, tenemos registrados casos de comunicaciones similares. Pedro, Pablo y otros discípulos del Nuevo Testamento hablan una y otra vez en forma directa sobre este sistema de comunicaciones. Gran parte de la Biblia nos llegó de esta manera. Todos creemos en la comunicación espiritual; si no fuera así, no oraríamos. Le hablamos a Dios, y esperamos una respuesta. Naturalmente, este tema no nos alarma en lo más mínimo. No se puede leer la Biblia sin ver el sistema de comunicación espiritual en funcionamiento.

La historia de Navidad es un caso claro:

Lucas, capítulo 1:

Un ángel se le apareció a Zacarías y dijo:

"tu oración ha sido oída,"

"tu mujer Elisabet te dará a luz un hijo,"

"¿En qué conoceré esto?"

"Yo soy Gabriel, que estoy delante de Dios;"

El ángel Gabriel se le apareció a María (versículo 28):

Angel: "¡Salve, muy favorecida!"

María: "¿Cómo será esto?

Angel: El Espíritu Santo vendrá sobre ti,"

María: He aquí la sierva del Señor;"

María saludó a Elisabet:

Elisabet: "Bendita tú entre las mujeres,"

María: "Engrandece mi alma al Señor;"

Zacarías: "Bendito el Señor Dios de Israel,"

Lucas, capítulo 2: El nacimiento del niño Jesús.
Angel: "No temáis, pues he aquí os traigo nuevas de gran gozo,"
Huestes celestiales: "¡Gloria a Dios en las alturas,"
Pastores: "Pasemos, pues, hasta Belén,"
Simeón: "éste está puesto para caída y para levantamiento de muchos en Israel,"
Vemos la advertencia a José y María para que huyeran a Egipto, y finalmente volvieran a Nazaret; y la comunicación de los pastores con ángeles, los sabios. Es una historia fantástica de cuán fáciles pueden ser las comunicaciones entre el cielo y la tierra cuando hay personas como María, Elisabet, José, Simeón, Ana, los pastores, las huestes celestiales, etc.

Aún hoy puede haber comunicación entre cielo y tierra.

Dondequiera que exista una aguda percepción espiritual, allí el Señor está dispuesto y deseoso de comunicarse. Es notable que en la mayoría de los casos, particularmente en el Antiguo Testamento, esta comunicación especial se producía durante el ayuno y la oración. Parece que nuestro equipo receptor espiritual funciona mejor cuando los apetitos del cuerpo son dejados de lado y el hombre espiritual se ensancha.

Durante estos momentos de oración y ayuno nuestra recepción, comprensión y capacidad de penetrar en ese mundo espiritual se vuelven reales y efectivas. Cuando los discípulos trataban en vano de sanar al joven poseído por demonios, Jesús les dijo en secreto:

"...este género no sale sino con oración y ayuno" (Mateo 17:21).

Parece que la visión, el poder y el éxito en la tarea dependían de una comprensión clara y una buena comunicación espiritual con Dios para obtener la autoridad para hacer salir a los demonios.

El relato de Hechos 10 es otro ejemplo. Pedro recibió instrucciones especiales: un lienzo con animales inmundos y la necesidad del hogar de Cornelio. Las instrucciones que recibió Cornelio fueron dadas en una comunicación muy clara, y se produjo el resultado esperado. No necesitamos extendernos demasiado en esto, ya que la Biblia toda es un registro de comunicaciones espirituales.

En la actualidad tenemos la Palabra de Dios, "la palabra profética más segura", guía para nuestro camino, y no necesitamos el diálogo que fue necesario para que llegara a escribirse la Palabra de Dios.

También hay mensajes dados a la iglesia por medio de un instrumento legítimo de profecía o lenguas e interpretación (1 Corintios 14). Estos son generalmente para edificación, exhortación y consolación de la iglesia, más que para guiar a un solo individuo. Los individuos deben tener mucho cuidado en buscar orientación por medio de los tres dones de proclamación.

Pero nuevamente, debo reconocer que ha sucedido y era auténtico, aunque no debería ser la norma en la búsqueda de una orientación personal.

Las posibilidades, las oportunidades y el potencial de comunicación entre el cielo y la tierra aún son territorio inexplorado en el siglo XX. Dios sabe que el reino de Satanás tiene un sistema de comunicación muy refinado y bien sintonizado entre sus fuerzas de cielo y tierra. No complicaré la exposición sobre este punto, ya que hay libros sobre el tema. Es suficiente con saber y observar que aun los hijos de Dios se lamentan por la organización bien aceitada que Satanás posee en la tierra para el mal.

El príncipe de la pornografía saca sus materiales en el lugar justo, en el momento justo y al precio conveniente.

El príncipe de los narcóticos ha extendido con éxito una red de distribuidores en todo el mundo, con resultados devastadores.

Si puede "volarles la mente" a los jóvenes, ellos no podrán escuchar el evangelio y aceptarlo.

El príncipe del ateísmo ha invadido exitosamente el sistema educativo y ha cegado los ojos de millones de personas en todo el mundo.

¡Pero, gloria a Dios, el príncipe de alabanza ha hecho grandes estragos en el territorio enemigo! Los cristianos han abierto sus labios de alabanza desde la catedral, el convento, desde los grupos que existen detrás de la Cortina de Hierro y la Cortina de Bambú.

El príncipe de las Buenas Nuevas ha llevado el evangelio de las buenas noticias a las ciudades universitarias, a cruzadas masivas en todo el mundo, a la literatura que llega a cada hogar, a la penetración del evangelio a través de la radio y la TV en todo el mundo. ¿Cómo terminará todo esto? Bien, la Biblia lo dice claramente:

"...para que en el nombre de Jesús se doble toda rodilla de los que están en los cielos, y en la tierra, y debajo de la tierra; y toda lengua confiese que Jesucristo es el Señor, para gloria de Dios Padre" (Filipenses 2:10,11).

Satanás será atado y echado en el lago de fuego. ¡Cristo tendrá la victoria! A pesar de las fallas de su esposa, de sus interrupciones y su torpeza, tendrá una esposa sin mancha ni arruga; una esposa de la que no se avergonzará; una esposa preparada para su Señor y Maestro. La batalla continúa rugiendo, pero hemos visto el libro de Apocalipsis y sabemos cómo terminará. ¡No serán un Cristo y una esposa vencidos, sino victoriosos y llenos de gloria!

6. *Mirando dentro del mundo espiritual*

Hay un relato interesante en 2 Reyes 6:13, en el que el rey de Siria envía a sus siervos a Dotán para que capturen a Eliseo.

Muy temprano en la mañana, el siervo de Eliseo ve que la ciudad es rodeada de carros y caballos. Esto naturalmente le produce temor por sí mismo y por la seguridad de su amo. Así que le pregunta a Eliseo: *"¿qué haremos?"*. La respuesta del profeta es: *"No tengas miedo."* Pero también le da una razón para no temer.

Observemos la siguiente frase: *"...porque más son los que están con nosotros que los que están con ellos."*

¿Qué vio Eliseo, que su siervo no podía ver? El profeta oró para que los "ojos" del siervo fueran abiertos y pudiera ver.

Ahora sabemos que no estaba ciego, dado que a la luz del amanecer podía ver todo el ejército sirio, con sus caballos y sus carros.

Su visión natural posiblemente fuera de 20/20.

Eliseo oró para que su visión espiritual fuera sanada y pudiera ver el mundo espiritual. A menos que su visión espiritual sea sanada, todo lo que le estoy diciendo le parecerán puras tonterías.

Imagínese a Eliseo diciéndole a su siervo: "Mira más allá de los ejércitos sirios y fíjate que están rodeados de caballos y carrozas de fuego. Mira, hijo, detrás del ejército sirio, rodeándolo, allá en las colinas, está lleno de caballos y carrozas." El pobre siervo estaría parado allí, con la mano haciendo pantalla sobre los ojos, para protegerse del sol que ahora brillaba con fuerza, diciendo: "Amo, debes de estar mal de la cabeza. No veo nada más que piedras y arena."

Pero Eliseo oró para que este siervo pudiera ver dentro del mundo espiritual. Cuando sus ojos espirituales fueron abiertos, él vio *"que el monte estaba lleno de gente de a caballo, y de carros de fuego alrededor de Eliseo"*. El miedo huyó de él cuando vio el mundo espiritual. Si pudiéramos ver el mundo espiritual claramente, y estuviéramos sinceramente andando en el Espíritu, nunca más tendríamos miedo. Sabiendo que tenemos un ángel guardián, que *"el ángel de Jehová acampa alrededor de los que le temen,"* (Salmo 34:7), y que *"mayor es el que está en vosotros, que el que está en el mundo"* (1 Juan 4:4), ¿por qué temerle a algo de este mundo? Sólo hay un temor que debemos tener, y es el temor reverencial ante Dios.

Esta capacidad de Eliseo y su siervo, de ver dentro del mundo espiritual, es uno de los muchos incidentes que se encuentran en la Biblia. Esta revelación de caballos y carrozas, en particular, es mencionada varias veces en las Escrituras. Fue una carroza de caballos espirituales la que arrebató a Elías (2 Reyes 2:11).

Había una carroza de fuego y caballos de fuego. Eliseo los vio en el mundo espiritual, y exclamó: *"¡Padre mío, padre mío, carro de Israel y su gente de a caballo!"* (2 Reyes 2:12). Era evidente que Eliseo vio algo que los hijos de los profetas, de la escuela de profetas cercana, no vieron. Ellos vieron el cuerpo físico de Elías que ascendía, (v.7), pero no hay indicios de que vieran la carroza y los caballos de fuego. Quizá por eso fue que lo importunaron hasta que permitió que cincuenta hombres fueran al monte a buscar el cuerpo de Elías.

He aquí un vívido ejemplo de alguien que mantiene un espíritu de fe aunque esté rodeado de incredulidad. Eliseo sabía que Elías había sido trasladado sano y salvo al cielo. Había visto la carroza y los caballos, mientras los hijos de los profetas seguían razonando como hombres naturales. Lo importunaron durante días para que enviara un grupo a buscar el cuerpo de Elías.

Finalmente, para que no se dijera que él no se preocupaba por la seguridad de Elías, o por preparar un entierro adecuado para un gran profeta, Eliseo les permitió ir. "Id, y satisfaced vuestros 'sentidos naturales', pero no lo hallaréis." Al volver el grupo, luego de tres días, Eliseo les dijo: *"¿No os dije yo que no fueseis?"* (2 Reyes 2: 18)

La Biblia nos habla de seres espirituales montados en caballos espirituales que vienen a la tierra a investigar la condición en que se encuentra (Zacarías 1:7-12; 6:1-8). Nuestro amado Salvador Jesucristo, a su regreso, vendrá montado en uno de ellos (Apocalipsis 19:11,19,21). Los ejércitos celestes montan caballos blancos (v.14). Quizás esto sea parte de esa área de la que habla el apóstol Pablo al mencionar las cosas invisibles que se ven claramente.

"Porque las cosas invisibles de él, su eterno poder y deidad, se hacen claramente visibles desde la creación del mundo, siendo entendidas por medio de las cosas hechas, de modo que no tienen excusa" (Romanos 1:20).

En 1 Corintios 2:9-14 leemos:

"Antes bien, como está escrito: Cosas que ojo no vio ni oído oyó, ni han subido en corazón de hombre, son las que

Transferencia de Espíritus

*Dios ha preparado para los que le aman. Pero Dios nos las
reveló a nosotros por el Espíritu; porque el Espíritu todo lo
escudriña, aun lo profundo de Dios. Porque ¿quién de los
hombres sabe las cosas del hombre, sino el espíritu del hombre que está en él? Así tampoco nadie conoció las cosas de
Dios, sino el Espíritu de Dios. Y nosotros no hemos recibido
el espíritu del mundo, sino el Espíritu que proviene de Dios,
para que sepamos lo que Dios nos ha concedido, lo cual
también hablamos, no con palabras enseñadas por sabiduría humana, sino con las que enseña el Espíritu, acomodando lo espiritual a lo espiritual. Pero el hombre natural
no percibe las cosas que son del Espíritu de Dios, porque para él son locura, y no las puede entender, porque se han de
discernir espiritualmente."*

El apóstol Pablo hace una distinción de espíritus:

(1) El espíritu del hombre (v.11).
(2) El Espíritu de Dios (v.11).
(3) El espíritu del mundo (v. 12).

Las cosas de Dios no pueden ser conocidas por el espíritu del hombre (v.11), ni por el espíritu del mundo (v.12).
Las cosas del hombre pueden ser conocidas por el espíritu del hombre. Por lo tanto, hay comunicación y transferencia de espíritu de un hombre a otro (v. 11).

7. El Espíritu de Dios, el espíritu del hombre y el espíritu del mundo

Toda persona nacida de un ser humano es una tricotomía. Es espíritu, alma y cuerpo. (Trato este tema en más detalle en mi libro *Vida Cristiana Triunfante*).

El apóstol Pablo revela las áreas de batalla de la tricotomía humana en Gálatas 5:17: *"Porque el deseo de la carne es contra el Espíritu, y el del Espíritu es contra la carne."* Cuando una persona abre su alma para recibir a Cristo como Salvador en su espíritu, Satanás es echado de ese espíritu, pero eso no significa que abandone la batalla. En el curso de esta lucha (que comienza en la niñez espiritual, por eso es tan importante recibir alimento de manos de santos maduros) el diablo desea destruir esa semilla (Gálatas 3:16), para que no madure hasta alcanzar su mayor estatura:

"...hasta que todos lleguemos a la unidad de la fe y del conocimiento del Hijo de Dios, a un varón perfecto, a la medida de la estatura de la plenitud de Cristo" (Efesios 4:13).

Cuando el diablo viene como león rugiente, hasta el bebé en Cristo lo reconoce. Pero cuando viene como un hombre con el "espíritu del mundo", ni siquiera los creyentes pueden distinguir sus astutas manipulaciones. No quiero escribir un capítulo aparte sobre el "espíritu del mundo", pero es importante que tomemos conciencia de esta área.

El espíritu del mundo es "conseguir el éxito cueste lo que cueste". Algunos libros enseñan cómo volverse rico por medio del pensamiento positivo, subiendo a la cumbre sin importar quién salga herido o cuántas cabezas haya que pisar en el camino. El mundo llama a esto "éxito". "Llegar a la cumbre cueste lo que cueste." Es el espíritu del mundo. Lamentablemente, este espíritu se ha metido en la iglesia y tanto laicos como ministros lo practican.

Los centros de publicidad más importantes del mundo, como Madison Avenue, tienen una fórmula de éxito que dice que hay que conseguir que la fotografía del cliente esté en todas las revistas, todos los periódicos, y que su nombre debe hacerse conocido en la TV y en la radio. Una vez más, la iglesia absorbe el mismo espíritu. Esto está muy lejos del Espíritu de nuestro Señor, que se apartaba de la publicidad y se iba a los montes a orar. El tampoco hacía público que iba al monte, ni escribía un relato sobre lo que había hecho allí. Una vez escuché a un evangelista que iba a una montaña a orar y se comunicaba diariamente con su audiencia de la radio para pedirles su apoyo económico. El espíritu del mundo se ha metido en la iglesia en escala gigante. El mundo dice: "Vive en lo alto; cuanto más alto sea tu nivel de vida, mayor será tu éxito." No es necesario que explique en detalle este principio y cómo se ha infiltrado en los ambientes cristianos.

Los ministros cristianos, maquillados y arreglados como estrellas de Hollywood, que buscan el aplauso y se glorían en él, viviendo y trabajando por la adulación de los hombres, están muy lejos del *toma tu cruz y sígueme*.

No estoy diciendo que la pobreza y el desaliño sean santidad y piedad. El Hijo de Dios puede vivir cómodo y limpio, ser educado y aceptable sin estar bajo el control del "espíritu del mundo".

Estamos hablando de esta entrada del "espíritu del mundo" en el "espíritu del hombre", donde sólo se ven atisbos de la lucha del Espíritu Santo. El Espíritu (de Dios) está luchando contra la carne (el espíritu del mundo) y esta carne lucha contra el Espíritu de Dios, porque ambos son contrarios (Gálatas 5:17a).

Esta batalla se produce en el espíritu del hombre, en el área de su alma. Sus cinco sentidos juegan un rol muy activo en esta batalla. Lo que él oye, ve, huele, gusta y toca afecta su espíritu, el espíritu del hombre. Hay muchos ejemplos de esto en las Escrituras. Creo que deberíamos examinar algunos.

Pero primero hagamos un esquema que puede ayudar a la comprensión de estos tres espíritus.

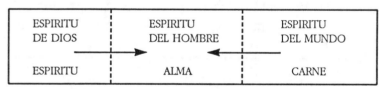

El espíritu del hombre es el territorio que debe ser conquistado. Dios trata, a través de la obra del Espíritu Santo, de que el espíritu del hombre se someta, para que el Espíritu de Cristo tenga el control absoluto del espíritu del hombre. Sólo entonces logrará su verdadera felicidad, plenitud, efectividad y propósito en su vida. El Espíritu Santo lucha constantemente para conformar en el hombre la imagen del Hijo, el único y absoluto modelo.

Por supuesto, el enemigo de nuestras almas también desea controlarnos. Nunca se cansa ni deja de tratar de influenciarnos para que nos parezcamos a Satanás mismo. Por eso, constantemente nos acosa a través de los cinco sentidos, como un púgil acosa a su contrincante, buscando su punto débil para el "nocaut". Pero sigue siendo cierto que una vez que una persona se convierte en receptora de Jesús como Salvador, el Cristo que tiene dentro de sí es mayor que el enemigo: *"...mayor es el que está en vosotros, que el que está en el mundo"* (1 Juan 4:4). Debemos reconocer esta verdad si queremos vivir una vida cristiana victoriosa.

Por medio de los cinco sentidos, el enemigo está constantemente tentando, probando, atrayendo al espíritu del hombre para que haga lo que no agrada a Dios. Las obras de la carne (Gálatas 5:19-21) no sólo están continuamente al alcance de la mano, sino que el enemigo las lanza constantemente contra el alma del hombre. En otros momentos las presenta como un plato apetecible, o una alternativa a la frustración que ya ha creado en el espíritu del hombre.

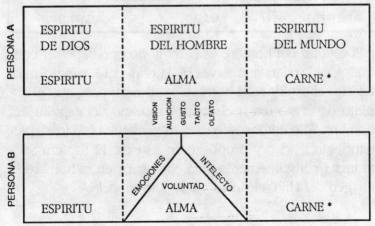

* Diecisiete obras de la carne (Gálatas 5:19-21): adulterio, fornicación, inmundicia, lascivia, idolatría, hechicerías, enemistades, pleitos, celos, iras, contiendas, disensiones, herejías, envidias, homicidios, borracheras, orgías, y cosas semejantes a estas.

El cristiano común no tiene dificultad en reconocer a Satanás y sus tácticas cuando viene con estímulos como: "Vé a cometer un asesinato", o "Comete adulterio", o "Emborráchate". Las cosas más sutiles de la carne son preparadas cuidadosamente como si fueran espirituales para que el cristiano caiga en la trampa. Por ejemplo: En una iglesia surgen diferencias a raíz de un tema doctrinal o de procedimientos. El enemigo, que ya está metido en el asunto, comienza a maniobrar hábilmente para enfrentar a los creyentes.

¿Qué sucede? El enemigo, por medio de las obras de la carne, a través del espíritu del mundo, de los sentidos, comienza a llenar el espíritu del hombre con ira, luchas, odio, divisiones, pero en medio de toda esta amarga mezcla, le tienta al creyente que se justifica, que tenga diferencias con los hermanos, que discuta, que tenga una postura opuesta. De esta lucha y confrontación surgen semillas de odio que son sembradas y pronto maduran. Los hermanos no tienen comunión; las familias se van a otro lugar para adorar, ya no hablan con quienes eran sus amigos, pero siguen adorando. Toman la Santa Cena sin darse cuenta de que comen y beben juicio. ¿Significa esto que han cometido el pecado imperdonable, que están perdidos y van camino al infierno? No necesariamente. Podría ser que sufran enfermedades y muerte (1 Corintios 11:30). Por otro lado, quizá pierdan su recompensa. Las obras de cada uno serán probadas por fuego. Lo que es bueno, verdadero y honesto, hecho para la gloria de Dios, perdurará como el oro, la plata y las piedras preciosas, y pasará la prueba. Lo que no se hace para la gloria de Dios, sino que es obra de la carne, perderá su recompensa.

"...la obra de cada uno se hará manifiesta; porque el día la declarará, pues por el fuego será revelada; y la obra de cada uno cuál sea, el fuego la probará. Si permaneciere la obra de alguno que sobreedificó, recibirá recompensa. Si la obra de alguno se quemare, él sufrirá pérdida, si bien él mismo será salvo, aunque así como por fuego" (1 Corintios 3:13-15).

"Pero," dice usted, "la ira, las luchas y el odio son obras de la carne, y quienes hacen estas cosas no heredarán el reino de Dios." ¿Conoce usted personas creyentes que hayan nacido de nuevo, y se hayan involucrado en peleas y discusiones, en divisiones, todas obras de la carne? ¿Está dispuesto a confinarlos al infierno?

Pero este tema va más profundo cuanto más se estudia el espíritu del mundo, el espíritu del hombre y el Espíritu de Dios.

Recordemos siempre que el espíritu del hombre tiene libre albedrío; por lo tanto, puede buscar las cosas del Espíritu o las cosas del mundo. Aquí hay un siervo de Dios que busca lo que es del Espíritu de Dios. Ayuna, somete su cuerpo, clama a Dios para que él lo bendiga y lo utilice. Reconoce que no es nada y que Dios es todo. Clama: "Debo menguar, Señor, para que tú crezcas en mi vida." Dios oye su oración y su sincera petición. Pronto es evidente que el Espíritu de Dios está llenando esta vasija. Con esa bendición viene la popularidad y el progreso económico. Con el éxito económico viene la seguridad. Pronto ese siervo tiene el dinero necesario para consultar a las agencias publicitarias de Madison Avenue. Busca consejo del mundo y lo sigue. Se le dice a ese humilde siervo que debe mejorar su imagen. Debe hacer que su rostro y su nombre aparezcan en todos los lugares posibles: en cada página de las revistas, en las carteleras, en la TV y la radio, para que su nombre se haga conocido.

Ahora su apariencia es lo más importante. Su ropa, su peinado, su maquillaje, deben seguir las normas del mundo y deben ser empleados para impresionar a los ricos y atraer gente de dinero.

No estoy en contra de la higiene, la prolijidad y la buena apariencia, pero cuando uno ve el espíritu del mundo apoderándose de un siervo de Dios, los días de provecho de ese siervo están contados.

Vamos a calar aún más profundo en lo que sucede en esa tricotomía. El espíritu del hombre está profundamente rendido al Espíritu de Dios. El siervo de Dios ha buscado y continúa buscando al Señor. Clama, junto con David: *"Mi alma tiene sed de Dios, del Dios vivo"* (Salmo 42:2a). Dios bendice a ese siervo y todo lo que él toca es bendecido por Dios. Se lanza a hacer una gran obra para Dios, se atreve a creerle, y Dios honra su fe. La unción cae sobre él, el siervo cree en milagros, y todos son desafiados; pero junto con la bendición viene el espíritu del mundo. Usted puede decir: "¿Cómo puede una persona estar obrando milagros y al mismo tiempo dando evidencias del espíritu del mundo? El está luchando con el diablo y con los siervos de Dios al mismo tiempo. Usted se siente entusiasmado con el poder de Dios y descorazonado al ver las evidencias del espíritu del mundo. Este siervo de Dios puede llamar a esa explosión "autoridad espiritual", o "santa indignación", pero usted sabe muy bien que se trata del espíritu del mundo que se ha metido en el espíritu del hombre. El espíritu del hombre recibe la energía del Espíritu de Dios, y el espíritu del mundo la absorbe. Esto no es posesión demoníaca. La Biblia lo llama "espíritu del mundo".

Ese siervo está construyendo. Está construyendo con oro, plata, piedras preciosas, y también con madera, heno y hojarasca. Sus obras serán probadas por fuego. Los primeros permanecerán; los últimos serán consumidos. Por algunas cosas ganará recompensa; por otras, sufrirá pérdida.

Así que el espíritu del mundo, un espíritu soberbio, orgulloso, irascible, se mezcla con el espíritu del hombre, sobre el que el Espíritu de Dios debería tener control.

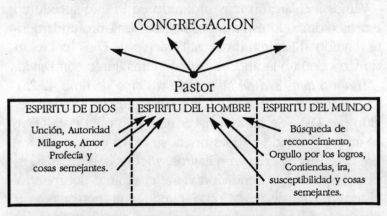

CONGREGACION

Pastor

ESPIRITU DE DIOS	ESPIRITU DEL HOMBRE	ESPIRITU DEL MUNDO
Unción, Autoridad Milagros, Amor Profecía y cosas semejantes.		Búsqueda de reconocimiento, Orgullo por los logros, Contiendas, ira, susceptibilidad y cosas semejantes.

El intelecto y las emociones del hombre afectan su voluntad.

En vez de rechazar los impulsos y vibraciones del mundo y dedicarse por completo y en todo momento a Dios, va y viene. Pero usted puede decir: "Es imposible vivir completamente y solamente para Dios." La Biblia dice: *"Andad en el Espíritu"*. Si fuera imposible, ¿por qué nos pediría Dios que lo hiciéramos? *"...que andéis como es dig-*

no" (Colosenses 1:10), dice el apóstol Pablo, de la misma manera que anduvo y se comportó Cristo. (Encontrará un estudio más detallado sobre el andar en el Espíritu en mi libro *Vida Cristiana Triunfante*).

La provisión dada en la vida de Cristo, su muerte y resurrección, están al alcance de nuestras manos para que vivamos como él y maduremos hasta llegar a su semejanza (Efesios 4:13).

Veamos algunos ejemplos bíblicos sobre el tema. Recuerde que estamos hablando de "transferencia de espíritus" La fe imparte fe; el valor, valor; el temor, temor; el amor, amor; el odio, odio; el desánimo, desánimo; etc.

EL ESPIRITU DEL HOMBRE PUEDE ESTAR:

PREOCUPADO: Génesis 41: 8. El espíritu del Faraón estaba preocupado. Dios hizo que se sintiera así, para que José pudiera ser sacado de la cárcel y llevado ante el trono de la autoridad.

Dado que el Faraón estaba preocupado, toda su casa también lo estaba. Imagínese cuán preocupados estarían los sabios cuando el Faraón rugió y amenazó con matarlos. Todos los que entraban en contacto con él se preocupaban. Un espíritu se puede transmitir por medio de la compañía. Los directores de una empresa se enfrentan con la bancarrota; les comentan el tema a los empleados y todos se preocupan. Hay problemas en una familia. Aún antes de que el padre lo comparta con los demás miembros, un espíritu de desasosiego se instala en el hogar. Por otro lado los cristianos pueden tener paz en medio de los problemas si sus mentes permanecen en Cristo.

ANGUSTIADO: Israel estaba constantemente atormentado y angustiado en Egipto. Moisés llegó con esperanzas, con la promesa de la liberación, *pero ellos no lo oyeron, porque sus espíritus estaban angustiados*. Sus espíritus, espíritus de hombres, estaban totalmente sometidos al espíritu de angustia. Habían compartido su condición desesperada tantas veces, se habían rendido de tal forma a la desesperanza, que un espíritu de angustia había atrapado y poseído a la nación. Moisés, con la ayuda de Dios, debía revertir la situación. Si usted lee este relato en Exodo 6 y 7 encontrará a Moisés quejándose ante Dios de que él no era capaz de convencer a Israel. Fue necesaria la intervención sobrenatural de Dios para remediar una situación que de no haber sido así, hubiera sido desesperante.

CELOSO: Números 5:14. Los versículos 12 al 31 detallan la ofrenda de celos que se debía realizar por una persona de la que se sospechaba que fuera culpable de adulterio. Notará que la Biblia lo llama "espíritu de celos". Este espíritu puede atrapar a una persona, y si no se lo soluciona pronto, será transferido y contaminará a otros, y llegará a hacer mucho daño al reino de Dios. En la Biblia se relatan muchos casos en que un espíritu de celos atrapa a una persona. Especialmente entre las mujeres, esposas y concubinas celosas unas de otras.

Este espíritu ha causado muertes en nuestras calles. Se ha metido en los ministerios, con hombres deseosos de superar los logros, proyectos, edificaciones y cantidad de fondos obtenidos por otros. El espíritu de celos, como otros, puede ser transferido.

ATRIBULADO: 1 Samuel 1:15. Ana estaba *"atribulada de espíritu"*, porque no tenía hijos. Tan poseída estaba por este espíritu que Elí, el sumo sacerdote, creyó que estaba ebria.

Cuando él reconoció su estado, le habló palabras de fe; ella creyó al siervo de Dios, siguió su camino, comió, y su rostro no volvió a estar triste. Este es un caso en el que Elí no absorbió su espíritu atribulado; en cambio, suplió la necesidad de Ana. No tenemos por qué absorber el espíritu equivocado de otra persona.

Si somos cristianos, tenemos la solución para eso. Este espíritu atribulado generalmente atrapa a la persona que ha perdido un ser querido. Algunas personas quedan destrozadas, y muchas veces se lamentan durante años por la muerte de un ser querido. Realmente necesitan ayuda, y algunas veces, liberación.

Podríamos seguir página tras página hablando de distintos tipos de espíritus según los menciona la Palabra de Dios. Baste una muestra:

ESPIRITU ENDURECIDO:

"Mas Sehón rey de Hesbón no quiso que pasásemos por el territorio suyo; porque Jehová tu Dios había endurecido su espíritu, y obstinado su corazón para entregarlo en tu mano, como hasta hoy" (Deuteronomio 2:30).

ESPIRITU DESPIERTO:

"Mas al primer año de Ciro rey de los persas, para que se cumpliese la palabra de Jehová por boca de Jeremías, Jehová despertó el espíritu de Ciro rey de los persas, el cual hizo pregonar de palabra y también por escrito, por todo su reino," (2 Crónicas 36:22).

ESPIRITU CONTRITO:

"Cercano está Jehová a los quebrantados de corazón; y salva a los contritos de espíritu" (Salmo 34:18).

Transferencia de Espíritus

ESPIRITU QUEBRANTADO:
"Los sacrificios de Dios son el espíritu quebrantado; al corazón contrito y humillado no despreciarás tú, oh Dios" (Salmo 51:17).

ESPIRITU FIEL:
"Y no sean como sus padres, generación contumaz y rebelde; generación que no dispuso su corazón, ni fue fiel para con Dios su espíritu" (Salmo 78:8).

ESPIRITU REBELDE:
"Porque hicieron rebelar a su espíritu, y habló precipitadamente con sus labios" (Salmo 106:33).

ESPIRITU IMPACIENTE:
"El que tarda en airarse es grande de entendimiento; mas el que es impaciente de espíritu enaltece la necedad" (Proverbios 14:29).

ESPIRITU ALTIVO:
"Antes del quebrantamiento es la soberbia, y antes de la caída la altivez de espíritu" (Proverbios 16:18).

ESPIRITU HUMILLADO:
"Mejor es humillar el espíritu con los humildes, que repartir despojos con los soberbios" (Proverbios 16:19).

ESPIRITU ABATIDO:
"El ánimo del hombre soportará su enfermedad; pero, ¿quién soportará al espíritu abatido?" (Proverbios 18:14, RVA).

ESPIRITU AFLIGIDO:
"Miré todas las obras que se hacen debajo del sol; y he aquí, todo ello es vanidad y aflicción de espíritu" (Eclesiastés 1:14).

ESPIRITU ALTIVO Y ESPIRITU SUFRIDO:
"Mejor es el fin del negocio que su principio; mejor es el sufrido de espíritu que el altivo de espíritu" (Eclesiastés 7:8).

ESPIRITU DESALENTADO:
"...para proveer a favor de los que están de duelo por Sion y para darles diadema en lugar de ceniza, aceite de regocijo en lugar de luto y manto de alabanza en lugar de espíritu desalentado" (Isaías 61:3, RVA).

Hablo aquí del espíritu del hombre en particular, porque los creyentes tienen dificultad en discernir esta área. Existe la tendencia de aceptar todo lo que viene del espíritu del hombre, siempre que haya rayos o alguna evidencia del Espíritu de Dios en él. Los carismáticos son presas fáciles en esta situación. El recién hallado gozo en Cristo, la entrada a las cosas espirituales es tan refrescante, tan llena de alegría, que tienen las defensas bajas. Aman a todos con un amor inocente. Fácilmente se convierten en seguidores de cualquier persona que diga tener una experiencia o una revelación espiritual especial. Están tan ávidos de verdades más profundas, de comunión y participación, que muchas veces aceptan ser instruidos por quienes son *"nubes sin agua"*. Aún no han aprendido que algunas veces una persona puede actuar en el Espíritu de Dios y otras veces, en su propio espíritu. Es posible que el llamado "maestro" ni siquiera lo haga intencionalmente.

Esto se ve muchas veces en el ejercicio de los dones espirituales como el de la profecía o el de hablar en lenguas e interpretarlas (1 Corintios 12:10). Un caso: Una pastora había preparado a una muchacha de su iglesia para que fuera al campo misionero. Le compró un boleto de avión, hizo los trámites para conseguirle la visa, las vacunas, etc. Una noche, durante el culto, la llamó y le profetizó en el nombre del Señor que ella iría al campo misionero, que Dios le proveería, etc. Sus palabras provenían de su conocimiento personal de los hechos, y por lo tanto, de su propio espíritu.

Dado que la profecía fue precedida por un: "Así dice el Señor", todos creyeron que estaban recibiendo del Espíritu de Dios, cuando estaban recibiendo del espíritu de la pastora. No quiero decir con esto que sus palabras le hayan hecho daño a la iglesia (quizá sí a la joven misionera), pero es algo delicado decir: "Así dijo el Señor", cuando es la persona la que habla, de su propio intelecto.

En Manitoba, Winnipeg, se produjo otro incidente bastante gracioso. Una dama soltera (bendición que no había pedido), estaba en un salón del templo, imponiendo las manos promiscuamente y profetizando sobre todo el que se le cruzara.

Llegó adonde estaba un hombre bastante más joven que ella, y le dijo: "Así dice el Señor: Tú serás mi esposo." El tuvo la suficiente rapidez como para contestarle: "Hermana, a mí Dios no me dijo lo mismo." Por supuesto, ella estaba hablando por el deseo de su corazón. Es importante juzgar los espíritus. Si usted siente que algo lo detiene, que algo no encaja, espere en el Señor antes de seguir adelante.

Estamos viviendo tiempos maravillosos, en los que Dios está derramando de su Espíritu sobre toda carne. Con estas grandes bendiciones llegan muchos maestros y evangelistas autonombrados.

Mi convicción es que toda persona debe tener una iglesia y un pastor con quienes se reúna regularmente, para ser alimentado, pastoreado y guiado. Todo "grupo de comunión" debería tener relación con una iglesia donde haya maestros responsables. He observado que los grupos que no tienen esa relación duran poco e invariablemente caen en el error. Es un lugar ideal para que los oportunistas impartan su espíritu a otros. En mi ministerio de consejería he encontrado muchas personas que quedaron confundidas y angustiadas por tantos espíritus que habían absorbido en estas reuniones desestructuradas y sin relación con iglesia alguna.

Por otra parte, la estructura de la adoración y el ministerio en el templo muchas veces son inadecuadas para ministrar en forma más personal. Por lo tanto, los grupos hogareños liderados por un anciano o alguien que tenga una correcta relación con el pastor, pueden ser una gran bendición. Sin embargo, surge la pregunta: el líder del grupo, ¿se ha designado él mismo? ¿Es un rebelde que quiere hacer lo que le parece? Si lo es, no sólo está en problemas cada persona que asiste a esas reuniones, sino que el grupo entero está destinado al fracaso. El gran problema no es tanto que el grupo vaya a fracasar, sino que cada uno de sus integrantes será afectado. El espíritu que absorben generalmente no permite que busquen ayuda de aquellos que pueden dársela.

Invariablemente han sufrido amarguras o han perdido la fe en el ministerio establecido. Aunque las denominaciones históricas establecidas quizá dejen mucho que desear, pueden ofrecer un santuario y un refugio para las almas atribuladas que los grupos llamados "espirituales", de fugaz duración, no brindan.

Aún estamos hablando del espíritu del hombre, que puede absorber (y sucede diariamente) o recibir el espíritu de otra persona. Lo sepa usted o no, lo crea o no, tenga conciencia de ello o no, constantemente estamos expuestos a los espíritus de los demás. Usted está expuesto al leer libros, al mirar TV, al escuchar la radio. Estas pueden ser simplemente influencias, o pueden ser espíritus. He ministrado a personas que fueron esclavizadas por espíritus luego de leer revistas o ver películas pornográficas.

Usted sabe lo que les sucede a los jóvenes que escuchan las grabaciones de rock, rock pesado o "acid rock". Un día, hablando con un ex rockero, me dijo que su grupo funcionaba mejor cuando estaban bajo la influencia de las drogas. La escena de las drogas iba de la mano con la música rock. El espíritu maligno salía con cada disco que sacaban. Los chicos pronto empezaron a sufrir esa influencia, el espíritu de la cultura "hippie" pronto se apoderó de ellos, y sus padres decían: "No sé qué le ha pasado a mi Ana o a mi Jorge."

Los chicos entraron en contacto con espíritus que les ofrecían entusiasmo, diversión, hacer lo que querían. Con ellos venía un espíritu de rebelión, un espíritu de desobediencia. Pronto comenzaron a hacer cosas contrarias al Espíritu de Dios. La Palabra de Dios enseña que los hijos deben obedecer a sus padres, someterse a su autoridad, respetar la propiedad ajena. Con la cultura de las drogas y la cultura (o falta de cultura) "hippie" llegó un espíritu de anarquía. Aun el mundo secular lo llamaba "espíritu" de anarquía. Nuestras universidades se convirtieron en escenarios de manifestaciones y destrucción. Las autoridades no sabían cómo tratar este fenómeno. Enviaron a la policía, las escuadras anti motines, los perros de policía, caballos y todo lo que se les ocurrió, sólo para sentirse luego frustrados por su fracaso.

Entonces empezaron a surgir grupos de oración en los grupos universitarios. Se proclamó oración y ayuno en todo el país. Dios levantó personas que sabían cómo moverse en el mundo espiritual y atar estos espíritus rebeldes. Bien, la escena ha cambiado, pero los espíritus no han desaparecido. Por así decirlo, han sido encerrados en el subsuelo. Están esperando para manifestarse.

Un claro ejemplo fue el apagón de Nueva York. En una hora de apagón, fueron rotas las vidrieras de los negocios, personas que normalmente no robaban entraban para llevarse televisores, radios, todo lo que pudieran transportar. En un abrir y cerrar de ojos fueron destruidos los ahorros y los comercios de muchos años. La nación despertó e inició un autoexamen. Los periodistas se preguntaban: "¿Qué es lo que anda mal en nuestra sociedad?"

¿Cuáles son las raíces ocultas que hacen que las personas caigan repentinamente en esa falta de respeto a la ley? Naturalmente, sabemos que es el "espíritu de anarquía" del que se dice que estará presente en los últimos días (2 Tesalonicenses 2). Este espíritu está al acecho y ocasionalmente irrumpe en el mundo, pero está siendo sujetado hasta su explosión final durante la septuagésima semana de Daniel, la "Gran Tribulación".

8. *El espíritu del hombre y Balaam*

Veamos nuevamente cómo el Espíritu de Dios afecta al espíritu del hombre o al espíritu del mundo. Examinemos el relato bíblico sobre Balaam en Números 23. Balaam construyó siete altares, ofreció sacrificios a Dios, y Dios estuvo con él. Observemos: el Espíritu de Dios estaba sobre Balaam; Dios puso palabra en su boca (v.5). Si Balaam hubiera consultado a adivinas o espíritus familiares, habría recibido palabra de ellos (como más tarde sucedió). Pero aquí está Balaam, ungido, siendo usado por Dios.

El Espíritu de Dios controla al espíritu de Balaam, por lo que él profetiza sobre Israel (versículos 8-10). Balac, exasperado, dice en el versículo 11:

"¿Qué me has hecho? Te he traído para que maldigas a mis enemigos, y he aquí has proferido bendiciones."

Balaam responde, en el versículo 12, que debe decir lo que Jehová pone en su boca.

El versículo 13 nos aclara algo muy importante sobre la caída de Balaam. Balac le pide que lo acompañe a otro lugar, Pisga, donde podría ver a Israel desde otra perspectiva. Balaam tendría una historia diferente si hubiera obedecido a Dios y se hubiera negado a continuar junto al enemigo. ¡Pero no! Balaam, como muchos de nosotros, decidió hacer las cosas a su manera.

A pesar de esto, Dios vino a él una segunda y una tercera vez (Números 24:2). Es evidente que aunque Balaam ahora estaba bajo la influencia del espíritu de Balac, el Espíritu del Señor seguía viniendo a él. La triste historia es que finalmente Balaam le enseñó a Balac cómo cometer pecado con las hijas de Israel, lo que provocó el juicio de Dios sobre Israel. Hay momentos en que el viejo adagio mundano se aplica: "Si no puedes vencer a tu enemigo, únete a él." Naturalmente, esto iba en detrimento del pueblo de Dios, tal como sucede hoy, invariablemente.

La figura es clara. Balaam tenía libre albedrío.

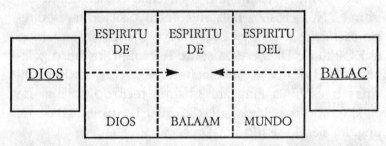

Dios se movía en Balaam de una manera tan extraordinaria que parecería que no podía hacer otra cosa que no fuera profetizar lo que Dios le daba que profetizara. Pero dentro del espíritu de Balaam se había metido el espíritu del mundo. "Te daré oro, plata, vestiduras nuevas. Te daré grandes honores." Balac dijo: *"...yo dije que te honraría, mas he aquí que Jehová te ha privado de honra"* (24:11). Fue el mismo argumento que usó el diablo con Eva cuando le dijo: *"...seréis como dioses."* "Dios les está negando algo. La razón por la que no quiere que coman es que se convertirán en dioses, y él no quiere que ustedes sean como Dios.

Yo quiero darles honor, quiero hacerlos dioses." Eva escuchó, absorbió el espíritu del diablo y cayó. Balaam escuchó, absorbió el espíritu del mundo de Balac, y, observemos que ya no se dirige hacia Dios, sino hacia el desierto.

Al apartarse de Dios, fue a ver a los adivinos. Cuando perdió el mensaje de Dios, habló las palabras del mundo. El espíritu del mundo lo poseyó hasta tal punto que cayó en manos de su propio pueblo, el que una vez había bendecido (Josué 13:22). El profeta apartado ahora era llamado adivino.

Reveamos brevemente la historia de Balaam:

I. NUMEROS 22:5,6

Vemos que Balaam tenía una reputación tan ampliamente conocida como profeta que un rey extranjero buscó su ayuda. Balaam no había aparecido del día a la noche. Su fama se extendía hasta muy lejos. Los que él bendecía, prosperaban; aquellos que él maldecía, fracasaban. Sus profecías eran indiscutiblemente genuinas. Tan efectivo y bien conocido era, que los líderes de dos naciones le trajeron presentes y solicitaron sus servicios para que maldijera a sus enemigos (22:7).

El apóstol Pedro se refiere al error y la doctrina de Balaam en 2 Pedro 2:15,16:

"Han dejado el camino recto, y se han extraviado siguiendo el camino de Balaam hijo de Beor, el cual amó el premio de la maldad, y fue reprendido por su iniquidad; pues una muda bestia de carga, hablando con voz de hombre, refrenó la locura del profeta."

(a) EL CAMINO DE BALAAM era el amor al premio de su maldad, y su codicia de los presentes de Balac. Todos hemos visto este pecado en las vidas humanas. Es evidente en las vidas de las personas en cualquier circunstancia, ya sea que estén dedicados por completo al ministerio o que sean laicos.

Un hombre que sirve a Dios fielmente ve que se le presenta una gran oportunidad. Empieza con un negocio que lo aparta de la casa de Dios. El ambiente de los negocios del mundo le ofrece grandes dividendos si trabaja duramente y sacrifica algunos principios en el camino. Y él sigue adelante. Está demasiado ocupado para asistir a los cultos regulares de la iglesia. Comienza a pensar que algunos de los principios que enseña la Palabra de Dios son obsoletos para la sociedad de hoy, así que los descarta o al menos los deja de lado. Está ganando terreno rápidamente. Sus seres queridos están preocupados, pero felices por su éxito. Sólo su piadosa esposa, madre, o su pastor, o amigo, se da cuenta de lo que está sucediendo. El espíritu del mundo se está llevando esa pobre alma. Se ha ido al desierto. Ha logrado fortuna, fama, el mundo lo ha llenado de regalos, pero su espíritu está inquieto, insatisfecho... está en el desierto. Es mejor volver... pero tan pocos lo hacen. Van a ver a los adivinos. Escuchan lo que ellos quieren decir, del mundo, y no de Dios.

Hemos visto esto muchas veces en el ministerio. Un evangelista comienza con la unción de Dios y pronto le llegan las ofertas del mundo. Se acercan grandes tiempos. Se le ofrecen grandes oportunidades. Con ellas vienen los automóviles grandes, el dinero grande, la fama mundial. La gente de otros países ofrenda grandes sumas para su ministerio. Sí, irá a predicar, si recibe U$ 50.000 y otras cosas. No se da cuenta de que está yendo al desierto. ¿Qué fue lo que anduvo mal? Bueno, estuvo demasiadas veces reunido con la "barra" de Madison Avenue, que le prometió fama, dinero, popularidad, si usaba esa voz y ese talento ungidos como ellos se lo dictaban en su receta para el éxito.

(b) EL ERROR DE BALAAM (Judas 11) fue aceptar el premio de la maldad por decirle a Balac cómo inducir a Israel a pecar. Darle consejos al enemigo del pueblo de Dios y planear su caída es de lo más despreciable. Pero esto es lo que una persona apartada hace. Las personas que se apartan de la fe se deleitan viendo a los cristianos caer en pecados. Los recién convertidos y los creyentes débiles son sus mejores presas.

(c) LA DOCTRINA DE BALAAM (Apocalipsis 2:14; Números 25:1-9) fue enseñarle a Balac que si él les daba sus más hermosas mujeres a los hombres de Israel y formaba matrimonios mixtos, Dios estaría disgustado y traería juicio sobre Israel. Pedro llama "locura" a este plan. Esto motivó la ira de Dios y del pueblo sobre Balaam; fue rechazado por Dios y por los hombres.

II. ERA UN PROFETA DE DIOS

Cuando lo buscaron para que fuera a maldecir a Israel, él fue y le preguntó a Dios si debería ir con esos príncipes. Dios le dio una respuesta perfectamente clara. Aun su asna lo reprendió por su necio propósito. Y él la castigó. Los hombres siguen castigando a estos pobres "animales tontos" que ven dentro del mundo espiritual, mientras los grandes y poderosos no pueden ver.

Pero a pesar de esta acción loca y mal dirigida, el relato establece claramente que él era un profeta de Dios (Números 22:8).

III. DIOS HABLO CON BALAAM

Dios y Balaam podían conversar. Cuando él preguntó *"según Jehová me hablare"*, (Números 22:8), Dios le respondió claramente:

"No vayas con ellos, ni maldigas al pueblo, porque bendito es" (22:12).

¡Oh, qué estremecimiento al escuchar directamente la voz de Dios! Toda persona que sirve a Dios y ha oído de El conoce esa sensación. En el caso de Balaam, parece que fue algo más que escucharlo en el espíritu. Parece que oyó directamente la voz de Dios. Balaam actuó como si esto no fuera gran cosa. Actuó como si el hecho de oír la voz de Dios no le causara ningún santo, reverente estremecimiento. Debería haber ido a ver a Balac y haberle dicho: "Balac, acabo de oír la voz de Dios, que me dijo que el pueblo es bendito. No hay manera en que yo vaya a interferir con quienes son benditos por Dios." Todos haremos bien en no interferir en los asuntos de quienes son benditos por Dios.

En ese momento, Balaam debería haber desechado toda influencia que Balac tuviera sobre él, y haberle dicho: *"Yo y mi casa serviremos a Jehová."* Debería haber dicho: "Balac, será mejor que vengas y te unas a nosotros, porque puedes tener por seguro que yo no me uniré a ti."

En cambio, veamos lo que hizo Balaam:

"Así Balaam se levantó por la mañana y dijo a los príncipes de Balac: Volveos a vuestra tierra, porque Jehová no me quiere dejar ir con vosotros" (Números 22:13).

IV. "JEHOVA NO ME QUIERE DEJAR IR CON VOSOTROS"

"Balac, tú sabes que yo quiero ir contigo, pero Dios no me quiere dejar ir." Balam da evidencias de que está ejerciendo su libre albedrío y cede a la voluntad de Balac. Está abriendo su espíritu a los caminos engañadores del mundo. Quizá aquí comenzó su caída hacia la destrucción. Escuchó lo que el mundo le ofrecía. Su voluntad, como el péndulo, se inclinó hacia el mundo.

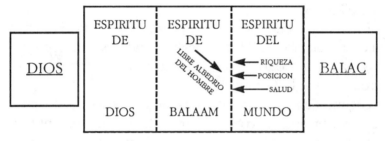

Cuando un joven le dice a su amigo de la escuela o compañero de trabajo: "Me gustaría ir contigo, pero mis padres (o mi iglesia) no están de acuerdo", ese joven ya está en problemas.

¿Por qué querría Balaam ir con Balac? ¿Por qué tendría Dios que detenerlo? ¿Por qué ese adolescente, ese cristiano, ese pastor, ese evangelista, quieren ir con el mundo? En algún momento, le han abierto su espíritu al espíritu del mundo. Ya le piden al Espíritu de Dios que tome el segundo lugar, después del espíritu del mundo, en el espíritu del hombre. Esto sucede en una forma tan sutil, tan siniestra y astuta, que pocos realmente se dan cuenta de lo que les está sucediendo.

Transferencia de Espíritus

Una vez aconsejé a una mujer que había caído en adulterio con un diácono de su iglesia. Los primeros pasos de su pecado habían sido más o menos así: El vino a pedirle consejo porque su matrimonio se estaba desmoronando. Su esposa era frígida y no le respondía, según dijo él. Esta mujer lo escuchó, abrió su espíritu en simpatía con él, y antes de que la sesión de consejería hubiera terminado, había cometido adulterio.

Primer error: Como mujer, dado que su esposo estaba fuera de su casa esa tarde, no debería haber aconsejado a ese diácono.

Debería haberle dicho: "No puedo darle esta clase de aconsejamiento. Por favor, vuelva cuando esté mi esposo, o vaya a ver a otro diácono, a otro pastor o a otro hombre para que lo aconseje."

Segundo error: Ella no debería haberse involucrado tanto emocionalmente con el hombre. El le contó una historia tan triste que ella le ofreció su cuerpo, no porque quisiera cometer adulterio, sino para ayudarlo en su pena. Su razonamiento estaba tan bloqueado que realmente creyó que estaba haciendo algo bueno.

Después del acto, su mundo se le cayó encima. En vez de confesarle esto a su esposo y obtener aceptación y perdón, soportó sola su culpa. Finalmente cayó en pecado una y otra vez, llevada por espíritus demoníacos que permitió que entraran en su espíritu durante esa primera vez. Ahora es libre, luego de años de tormento. Cuando le impusimos las manos y ordenamos a los espíritus malignos que salieran, siete demonios, cada uno dando su nombre, salieron de ella. Esa mujer y su esposo hoy tienen un matrimonio feliz. Afortunadamente para ella, tiene un esposo que pudo perdonarla, pero más que nada, un Dios que puede perdonar, olvidar y liberar.

¿Por qué se involucró tanto? Abrió su espíritu al espíritu del mundo. En su simpatía para con ese hombre, hizo inclinar el péndulo de su libre albedrío hacia el mundo, en vez de hacia el Espíritu de Dios.

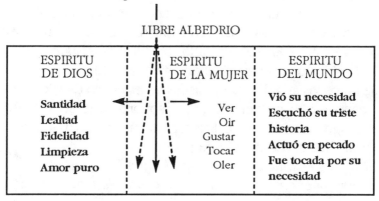

Sigue siendo el hombre quien decide si anda en el Espíritu o en los caminos del mundo. Lo que Dios nos da es que caminemos siempre en el Espíritu. Quisiera que no fuera así, pero lamentablemente los antecedentes muestran que hay ocasiones en que el creyente entra en territorio extraño, especialmente cuando sigue a sus sentidos y responde a sus apetitos más bajos. Balaam entró en ese territorio, como también la mujer que aconsejé.

IV. AL PRINCIPIO, BALAAM FUE FIEL Y RECHAZO EL OFRECIMIENTO DEL MUNDO

Su consagración era lo bastante profunda como para que dijera "No" al mundo. Generalmente, si una persona es lo bastante fuerte como para decir "No" a la primera tentación, puede ganar la batalla. Este caso, sin embargo, nos muestra que no siempre podemos ampararnos en esta tendencia. El enemigo rara vez se da por vencido en el primer intento. Balaam debería haber terminado el trato en ese momento. Pero decidió preguntarle nuevamente al Señor (Números 22:18, 19). Así reveló un cierto deseo de fama y riquezas.

Una vez que el enemigo encuentra un punto débil en nuestro compromiso para con Cristo, nos atacará una y otra vez. Así como el boxeador martillea en el punto débil buscando el "nocaut", el enemigo hace lo mismo, desde todos los ángulos. Demasiadas veces el hijo de Dios no reconoce que no tiene por qué soportar este acoso del enemigo. La cabeza de Satanás ya fue herida (Génesis 3:15). Ha sido despojado de poder:

"...y despojando a los principados y a las potestades, los exhibió públicamente, triunfando sobre ellos en la cruz" (Colosenses 2:15).

Nos ha sido dada autoridad sobre él en el nombre de Jesús:

"He aquí os doy potestad de hollar serpientes y escorpiones, y sobre toda fuerza del enemigo, y nada os dañará" (Lucas 10:19).

Recuerde, si inclinamos voluntariamente el péndulo de nuestro espíritu hacia el espíritu del mundo, Dios no nos forzará a volver contra nuestra voluntad.

VI. DIOS PERMITIO QUE BALAAM SIGUIERA SU CAMINO (Números 22:35)

Cuando Balaam insistió en ir con los hombres de Balac, Dios lo dejó ir. Le puso señales y advertencias en el camino, pero le permitió que fuera. Aunque estaba fuera de la voluntad de Dios, el Espíritu de Dios vino sobre él y profetizó la verdadera palabra de Dios. Esto debería ser una lección para todos nosotros. Tendemos a igualar el ejercicio de los dones como la aprobación de Dios sobre nuestra vida y nuestras acciones. Muchas veces escuchamos decir: "Dios no usaría un vaso que estuviera sucio o se apartara de su voluntad." Pero no hemos hecho esta deducción basados en la Biblia. Saúl, Sansón y muchos otros nos demuestran lo contrario. Vemos en todas estas vidas que aunque el Espíritu de Dios venía sobre ellos, Dios no aprobaba su pecado o el hecho de que estuvieran apartados. Sin embargo, finalmente, en todos los casos, el Espíritu de Dios dejaba de luchar con ellos.

VII. AUNQUE FUE CON BALAC, ESTABA DECIDIDO A SER FIEL A DIOS

Por lo menos tres veces sacrificó animales limpios a Jehová (no a Baal), y todas las veces profetizó la verdadera palabra de Dios. Hasta profetizó la llegada de Cristo, el Mesías, a través de la simiente de Israel. Sus profecías, fieles a la palabra de Dios, provocaron la ira de Balac sobre él. ¿Por qué, entonces, Balaam no dejó a Balac y se volvió a su lugar? Este es el misterio que ha confundido a muchas personas durante años. Pero cuando se comprende la transferencia de espíritus, deja de ser un misterio.

Balaam ya había dispuesto su corazón tras las riquezas y los honores que Balac le había ofrecido. Dado que la bendición de Dios aún estaba con él, lo que estaba haciendo no parecía tan malo. Lo mismo sucede en la actualidad. Podría enumerar muchos casos, vistos con mis propios ojos durante los últimos treinta años (y más), de ministerio, como: Un cuarteto de música *gospel* que viajaba de ciudad, que aparentemente tenían un ministerio muy ungido; pero en el ómnibus en que se trasladaban los esperaban las "chicas" que los acompañaban...

Un pastor que salía corriendo de una reunión donde acababa de orar por los enfermos y profetizar... apurado por ir a verse con la mujer de otro hombre.

Un director de orquesta que tenía "otros motivos" para ir a buscar a la pianista y llevarla a su casa luego de los ensayos.

El pobre Balaam no volvió atrás. Era dominado por un espíritu del mundo. Si se encuentra usted en esta situación, recuerde: No tiene por qué seguir el camino de destrucción de Balaam. Usted puede pedir la ayuda de Dios. Si renuncia al espíritu que lo tiene atado, el Señor lo librará. El Cristo que está dentro suyo es más poderoso que el que está en el mundo. Usted es quien determina quién será más grande en su vida.

VIII. VOLVIO A SU CASA CON EXITO, SEGUN EL MODELO DEL MUNDO

Recibió su recompensa después de enseñarle a Balac cómo echar abajo a Israel haciéndolo pecar (Números 24:25; 2 Pedro 2:15; Judas 11; Apocalipsis 2:14). El mundo puede considerarlo a usted exitoso. Un cantante deja el coro de la iglesia, va al mundo y se convierte en un "hit". Los clubes nocturnos lo buscan. Llega al disco de oro. La riqueza, el éxito ponen su nombre en las marquesinas. Tiene Rolls Royces, champagne, licores, mansiones y dinero. El mundo llama "éxito" a esto. Pero luego viene la muerte, y el juicio. El muere, pero ha dejado su espíritu en otros. El "rey de rock and roll" sigue vivo. Entre a los cuartos de los adolescentes y verá qué tienen colgado en la pared, y se dará cuenta, al ver su colección de discos, de que el espíritu de estas personalidades sigue influyendo sobre ellos.

IX. BALAAM MUERE SIENDO ENEMIGO DE ISRAEL, AUNQUE UNA VEZ SE NEGO A MALDECIRLO

¿No es triste que un gran profeta de Dios muera entre los madianitas, luchando contra su pueblo? Siete veces Dios se apareció a Balaam. Pero luego de recibir el espíritu del mundo de Balac, finalmente murió en el error. Murió en su pecado (Números 31:8, 16). Josué dijo que se había convertido en un adivino (Josué 13:22). De igual forma, Saúl comenzó siendo un gran profeta pero se dedicó a la brujería cuando el Espíritu Santo lo dejó (1 Samuel 10:9-14; 16:14).

Podríamos nombrar a muchos Saúles y Balaams modernos. Todos hemos conocido profetas poderosos de nuestro tiempo que luego han caído. No hay razón por la que se pierdan, si se arrepienten y buscan liberación con el ministerio de un verdadero hombre de Dios.

Estos incidentes deberían hacer que fuéramos muy cuidadosos en cuanto a los espíritus con los que compartimos y hacia quienes nos inclinamos. Debemos ver más allá de la persona, hasta su espíritu. No tenemos por qué absorber el espíritu equivocado de una persona aunque debamos vivir con alguien que tiene un espíritu malo del mundo. Si una esposa o un esposo cristiano se enfrenta con este problema, no tiene por qué irse. El Cristo que ellos tienen es mayor que el espíritu del mundo. El creyente tiene autoridad para atar ese espíritu. Es importante que no estemos dispuestos a ceder o abrir nuestro espíritu al espíritu del mundo.

9. *Comprendiendo a los espíritus*

Algunas personas dejan de lado el tema de los espíritus, como si no tuvieran importancia, o no existieran, o fueran una fantasía, una obsesión de algún visionario o una especie de ejercicio mental subnormal. Antes de negar la realidad e importancia de los espíritus, buenos o malos, le ruego considerar lo siguiente: Vivimos en dos mundos: el mundo material y el mundo espiritual. El mundo material es fácilmente comprensible. Los árboles, la tierra, las casas, los automóviles, son todas cosas compuestas de elementos químicos con las que nuestros sentidos pueden relacionarse. Por otra parte, aunque generalmente no podemos ver a los espíritus a ojo desnudo ni escucharlos con nuestros oídos físicos, ellos se manifiestan, haciendo que nosotros podamos verlos, oírlos y hasta olerlos. Dios es Espíritu. Jesús tomó forma humana para ser un hombre físico que pudiera relacionarse con las necesidades del hombre físico. Luego de satisfacer esa necesidad con su supremo sacrificio, volvió a ser Espíritu, también, y se manifestará como Dios en carne y espíritu. Su manifestación es siempre buena y para bien. El espíritu maligno se manifiesta siempre en el hombre para su destrucción. El hombre, en realidad, es un espíritu.

Tendemos a tratarlo siempre como cuerpo y como ente natural, pero es más que eso. En realidad es un espíritu que posee un cuerpo y un alma. Por supuesto, hay ángeles, buenos y malos, todos los cuales han sido revelados y se manifiestan constantemente.

Pero usted puede decir: "Yo jamás he visto ni he sentido ningún espíritu. Como no puedo verlos, oírlos o sentirlos, debo rechazar su existencia." Déjeme preguntarle: ¿Rechaza usted el hecho de que haya ondas de sonido e imágenes que vuelan por el aire a su alrededor? Hoy, no podría rechazarlo, ya que la radio y la televisión son la prueba de que las imágenes en colores y los sonidos están en todos lados. Aun detrás de puertas cerradas, en sótanos o calabozos, donde no entra la luz, prenda una radio y escuchará el sonido. Lo único que se necesita es electricidad, energía, radiación, un medio para expresar lo que normalmente no podría verse ni escucharse. Los espíritus son como emisoras de radio o televisión en el sentido de que emiten señales espirituales, pero es necesario que haya receptores para que puedan expresarse y manifestarse. Algunas personas son más sensibles espiritualmente que otras. El pueblo de Dios es más sensible al Espíritu de Dios, y se produce la manifestación o transmisión. De la misma forma, el maligno tiene sus receptores. Muchas veces, se comunican más fácilmente y visiblemente que los hijos de Dios.

La Biblia habla mucho de los espíritus. En otros capítulos hablaremos de espíritus como los ángeles, los espíritus demoníacos, el espíritu del hombre, el Espíritu Santo, y por supuesto, las 20.000 referencias a Dios como ser espiritual. Hay un mundo espiritual bajo la tierra (Filipenses 2:10). La palabra "espíritu" o "espíritus" aparece más de 500 veces en las Escrituras. Algunas veces son invisibles y otras adoptan una apariencia física.

Los espíritus malignos, algunas veces llamados ángeles caídos de Satanás o espíritus demoníacos, hacen guerra especialmente contra los santos.

Engañan a los santos. (2 Corintios 11:14,15).

Crean duda e incredulidad. (1 Timoteo 4:1-8; Génesis 3:4,5).

Llevan a los creyentes al error. (1 Juan 1:1-6).

Llevan a los creyentes a creer mentiras, y los atrapan. (1 Corintios 6:9-11; Santiago 1:22; 2:10).

Mantienen a los hombres sujetos a Satanás. (2 Corintios 2:11; 1 Timoteo 1:20).

Causan enfermedades físicas y mentales. (Lucas 13:16).

Trabajan para derrotar a los santos. (2 Corintios 12:7).

Quitan la semilla de la Palabra. (Mateo 13:19; Lucas 8:12).

Obran milagros falsos. (2 Tesalonicenses 2:9).

Obstaculizan la respuesta a la oración. (Daniel 10:12-21).

Causan opresión. (2 Corintios 4: 4; 2 Pedro 1:4-9).

Causan división y lucha. (1 Corintios 3:1-3; 1 Pedro 5:8).

Provocan compromisos con el demonio (Hechos 24: 2; 26: 28).

Pero en algunos casos Dios permite o usa las fuerzas satánicas para:

Darle al creyente la oportunidad de ser un vencedor. (Apocalipsis 2:7,11,17; 1 Juan 2:13; 4:1-6).

Desarrollar la fe del creyente. (Judas 20; 1 Pedro 1:7-13; 2 Pedro 1:4-9; Santiago 1:12).

Traer a los hombres al arrepentimiento. (Job 33:14-30; 1 Corintios 5:1-6; 2 Corintios 2:5-11).

Conservar humildes a los hombres. (2 Corintios 12:7).

Contra estos espíritus malignos, los creyentes deben:

Revestirse de toda la armadura de Dios para soportar sus ataques. (Efesios 6:11-18).

No dar lugar al enemigo. (Efesios 4:27).

Vencerlos por la sangre y el testimonio de la Palabra. (Apocalipsis 12:11; 1 Juan 2:14).

Vencer por el Espíritu Santo. (Romanos 8:1-13).

Aunque la Biblia habla mucho de los espíritus malignos, porque existen, y la Biblia es verdadera, tiene mucho más para decir sobre el Espíritu Santo. El nos permite ser más que vencedores sobre los espíritus malignos. El doctor Finis Dake, en su *Reference Bible* (Biblia con Referencias) anotada (Indice ciclopédico, página 108) da una lista de 96 hechos sobre el Espíritu Santo. Mi libro *El Espíritu Santo*, volúmenes 1 y 2, que suman más de 600 páginas, es cada vez más usado como libro de texto en institutos y grupos caseros. Este estudio les dará a los alumnos una verdadera apreciación del poder más grande del mundo: ¡El Espíritu Santo!

10. *Los ángeles como espíritus*

¿Se pueden ver siempre los ángeles? ¿Negaría usted su existencia? Algunas personas dicen que han visto a su ángel de la guarda. Isaías, como canal espiritual, estaba conectado con Dios.

En Isaías 6 vio a Dios, lo escuchó y vio serafines con seis alas, que volaban y decían: *"Santo, santo, santo, Jehová de los ejércitos; toda la tierra está llena de su gloria."* ¡Toda la tierra está llena de su gloria! ¿Cómo puede ser que la mayoría de nosotros sólo veamos la tierra llena de violencia, maldad y pecado? ¿Podría ser que estemos más conectados con las ondas de la maldad que con las que revelan la gloria de Dios? El efecto de esta visión sobre Isaías fue profundo. Instantáneamente se puso a disposición del Señor para cualquier misión que él quisiera darle.

Los seres espirituales son muy reales. Cuando Moisés murió, hubo una disputa por su cuerpo entre el diablo y el arcángel Miguel. Satanás sabía muy bien que el espíritu y el alma de Moisés no estaban en su poder. Dado que Cristo no había muerto aún para redimir al hombre total, el hombre espiritual estaba en el paraíso con un "pagaré de redención" que debería ser hecho efectivo en la resurrección de Cristo, pero el viejo diablo, por alguna razón, quería al menos el cuerpo de Moisés. Ahora bien, había una disputa concreta, y Miguel reclamó el cuerpo del fallecido siervo de Dios, utilizando el nombre del Señor.

Transferencia de Espíritus

"Pero cuando el arcángel Miguel contendía con el diablo, disputando con él por el cuerpo de Moisés, no se atrevió a proferir juicio de maldición contra él, sino que dijo: El Señor te reprenda" (Judas 9).

¿Quién creó estos espíritus? ¿De dónde vinieron?

"Porque en él fueron creadas todas las cosas, las que hay en los cielos y las que hay en la tierra; visibles e invisibles; sean tronos, sean dominios, sean principados, sean potestades; todo fue creado por medio de él y para él. Y él es antes de todas las cosas, y todas las cosas en él subsisten;" (Colosenses 1:16,17).

Nuestro Señor tiene un propósito específico para los espíritus buenos y malos. Está perfeccionando para sí mismo una esposa santa y perfecta. El versículo 21 nos dice que aunque éramos enemigos de Dios, el Espíritu Santo nos buscó para llevarnos a Cristo, quien nos reconcilió con Dios por su muerte.

"Y a vosotros también, que erais en otro tiempo extraños y enemigos en vuestra mente, haciendo malas obras, ahora os ha reconciliado en su cuerpo de carne, por medio de la muerte, para presentaros santos y sin mancha e irreprensibles delante de él;" (Colosenses 1:21,22).

Para presentarnos sin mancha e irreprensibles (aunque es todo obra suya), debemos, como seres dotados de libre albedrío, vencer como él venció antes de sentarnos con él en su trono. Esta es una tarea espiritual y sólo puede realizarse en el ámbito espiritual.

El Espíritu Santo está trabajando, y los espíritus malignos también. Ellos nos prueban, nos tientan, nos apartan de Dios, mientras que el Espíritu Santo nos acerca a Cristo para que seamos limpiados. Esta batalla continúa como explica el apóstol Pablo en Gálatas 5:17:

"Porque el deseo de la carne es contra el Espíritu, y el del Espíritu es contra la carne; y éstos se oponen entre sí, para que no hagáis lo quisiereis."

La Palabra de Dios se refiere a nuestro Señor Jesucristo como un Angel. Angel es "Angelo", que traducido significa "mensajero".

Es llamado Angel de Dios. Génesis 21:17.

En Génesis 31:11,13, este ángel le habló a Jacob y le dijo:

"Yo soy el Dios de Bet-el".

El era el Angel que le habló a Moisés desde la zarza ardiente en Exodo 3:2.

Era el Angel que se le apareció a Gedeón con un báculo en su mano y consumió el sacrificio. Jueces 6:20-22.

Era el Angel que se apareció a Manoa y su esposa en Jueces 13.

Era el Angel que les apareció a Abraham y Sara en Génesis 16.

El mismo Angel se le apareció a Abraham al ofrecer su hijo en Génesis 22.

Era el mismo Angel que vino a Israel en una columna de fuego y una nube en Exodo 14:19. Una y otra vez el Angel del Señor intentó evitar que Balaam hiciera lo equivocado, y el asno del profeta lo vio, pero él no. Números 22.

El fue el Angel que trajo a Israel a la tierra prometida en Jueces 2:1.

Fue el Angel que determinó la muerte del rey Ocozías porque él consultó a Baal-zebub dios de Ecrón, en 2 Reyes 1.

¿No fue este Angel quien animó a Elías, cuando él estaba sentado bajo el enebro, en 1 Reyes 19:5-11?

¿Y el que visitó a Daniel en el foso de los leones (Daniel 6:22)?

Seguramente él era el "cuarto hombre" en el horno de fuego donde estaban Sadrac, Mesac y Abed-nego en Daniel 3:25, 28.

Fue él quien se apareció a Cornelio en visión y le dijo que trajera a Pedro. (Hechos 10).

Fue el mismo Angel que abrió las puertas de la prisión donde estaba Pedro en Hechos 5:19 y 12:7, y que vio Pablo en el camino a Roma, en Hechos 27:23, o Juan en Patmos, en Apocalipsis 1:1 y 5:2.

Los ángeles son espíritus ministradores enviados para ministrar a los herederos de la salvación:

"Ciertamente de los ángeles dice: El que hace a sus ángeles espíritus, y a sus ministros llamas de fuego" (Hebreos 1:7).

Nosotros somos los herederos de la salvación. Estamos rodeados de estos espíritus. ¿Tenemos tal capacidad de recepción para poder comunicarnos con estos espíritus ministradores?

Recuerde: estos ángeles no deben ser adorados (Colosenses 2:18).

Conozco un evangelista que se preocupaba tanto por comunicarse con su ángel que se "pasó de la raya" y cayó en herejía. Los ángeles, como espíritus ministradores, nos ayudarán y nos cuidarán en el peregrinaje. Pero, así como el Espíritu Santo, ellos exaltan a Cristo y nos llevan a Cristo constantemente.

Imagínese estar rodeado de espíritus ministradores. Tenemos muchas cosas para nosotros. Si nuestros ojos fueran abiertos, como los del siervo de Eliseo, podríamos ver "los montes" a nuestro alrededor, llenos de espíritus ministradores.

La Biblia nos dice:

"No os olvidéis de la hospitalidad, porque por ella algunos, sin saberlo, hospedaron ángeles" (Hebreos 13:2).

Es fantástico estudiar a los ángeles. Observemos:

Tienen cuerpos con manos, pies, ojos, etc. Génesis 18:2,4,8; 19:1-22.

Tienen emociones. Génesis 18:8.

Apetito. Génesis 18:8.

Pasiones. Génesis 6:1-4; Jueces 6, 7.

Son inteligentes. 2 Samuel 14:20.

Obedientes. Salmo 103:20.

Dóciles. Judas 9.

Poderosos. Apocalipsis 18:1.

No necesitan descansar. Apocalipsis 4:8.

Aparecen como visibles o invisibles. Números 22:22-35.

Viajan a una velocidad increíble. Ezequiel 1; Apocalipsis 8:13; 9:1.

Hablan en lenguas. 1 Corintios 13:1.

Parecen ser innumerables. Lucas 2:13; Hebreos 12:22.

Están interesados en lo que sucede en la tierra. Lucas 9:26; 1 Timoteo 5:21.

Están delante de Dios. 2 Crónicas 18:18.

Están sujetos a Dios. Mateo 22:30.

No están ociosos; hacen cosas: Guardan las puertas. Apocalipsis 21:12.

Hacen guerra. 2 Tesalonicenses 1:9-10; Apocalipsis 12:7-9.

Ejecutan juicios. Génesis 19; 2 Samuel 24; 2 Reyes 19; Apocalipsis 8.

Gobiernan naciones. Daniel 10.

Ministran a los santos. 1 Reyes 19; Mateo 4:11; Hebreos 1:14.

Cantan alabanza y adoración a Dios. Lucas 2:13; Apocalipsis 5:11.

Guían a los predicadores. Hechos 8:26; 27:23.

Imparten la voluntad de Dios. Hechos 5:19, 20; 10:1-6.

Traen respuestas a las oraciones. Daniel 9:21; Hechos 10.

Separan a los malos de los justos. Mateo 13:49.

Atan a Satanás. Apocalipsis 20.

Acompañan a Cristo a la tierra. Mateo 16:27; 25:31; 2 Tesalonicenses 1:7-10.

¿Puede imaginarse quiénes son, qué hacen? Son espíritus ministradores, pero algunas personas ni siquiera creen que existen. ¡Qué pena! Para nosotros, los creyentes, hay más de lo que imaginamos. Nuestro Señor dijo que jamás nos dejaría ni nos abandonaría.

Pero debo darle una imagen balanceada, hablando también de otros espíritus por los que nos preocupamos menos. Sin embargo, existen, son un poder y una realidad que debemos tener en cuenta.

Para que usted no se deje llevar y se burle del demonio, recuerde que ni siquiera el arcángel de Miguel se atrevió a acusarlo, sino que le dijo: *"El Señor te reprenda"* (Judas 9).

11. *El ministerio de los ángeles*

Observemos con un poco más de atención el ministerio de los ángeles. Si no estamos de acuerdo en esto, no debemos siquiera considerar la transferencia de espíritus. Quisiera que permanezca conmigo en este estudio, ya que abrirá su entendimiento espiritual y, en efecto, revolucionará por completo su vida espiritual.

Cuando el hombre fue sacado del huerto del Edén, Dios puso querubines en la entrada oriente del mismo, con una espada llameante para mantener a la humanidad lejos del árbol de la vida. Sabemos mucho menos sobre los querubines y serafines que sobre los ángeles, así que limitaremos este breve estudio a los ángeles. La Biblia dice:

"El ángel de Jehová acampa alrededor de los que le temen, y los defiende" (Salmo 34:7).

En Génesis 16:7 encontramos al Angel de Jehová ministrando a Agar después de que Sara la echó injustamente.

Génesis 22:15: El Angel de Jehová se apareció a Abraham cuando tuvo la prueba de que Abraham cumpliría su parte del pacto y entregaría lo mejor que tenía si Dios se lo pedía.

Exodo 14:19: Cuando Moisés se enfrentó con una gran crisis, el mar delante de él y los egipcios que lo perseguían, Dios envió su ángel para protegerlos y proveer milagrosamente en su necesidad.

Números 22:23: Cuando Balaam estaba desobedeciendo a Dios y actuando como un hombre natural, carnal, el asna se volvió más espiritual que él, porque vio al Angel de Jehová.

Jueces 2:1: El ángel vino a Boquim para reprender a Josué y a los hijos de Israel porque no habían echado a los habitantes de Canaán, sino que habían hecho pactos con ellos y finalmente habían aceptado sus dioses. ¿Qué espíritu se transfirió a quién, en el relato? Es interesante ver que aunque Josué tenía un "espíritu recto" cuando se hizo cargo de la tarea después de Moisés, falló en sus últimos tiempos. Eso no significa que estuviera poseído por demonios.

Jueces 13:3-5: Aquí un ángel vino a la esposa de Manoa, que era estéril, y le anunció que tendría un hijo que Dios usaría para librar a Israel de los filisteos.

Daniel 6:22: Un ángel fue enviado para cerrar las bocas de los leones que rodeaban a Daniel.

Hechos 12:7: Un ángel entró a la cárcel, despertó a Pedro y lo libró de sus cadenas.

Hechos 27:23: Pablo no dudó en decir: *"...porque esta noche ha estado conmigo el ángel del Dios de quien soy y a quien sirvo."*

Y hablando de los ángeles, el autor de Hebreos dice, en el capítulo 1, versículo 14:

"¿No son todos espíritus ministradores, enviados para servicio a favor de los que serán herederos de la salvación?"

Los anteriores son sólo breves ejemplos de ángeles que aparecen, hablan, protegen. Son todas citas bíblicas; sin embargo, algunos, llamados creyentes, dicen: "No creeré hasta que los vea." El que dice esto, por supuesto, no es un hombre espiritual, sino natural.

Este no pretende ser un estudio de los ángeles.

Cualquiera que desee profundizar en el tema puede encontrar un excelente libro de Billy Graham o de otros autores en las librerías.

Déjeme darle unas pocas citas bíblicas más, para un mayor estudio. Algunos relatos en los que aparecieron ángeles a los hombres, son: Génesis 32:1; Números 22:31; Jueces 2:1; 6:11; 13:3, 13; Zacarías 1:9; 2:3; Mateo 1:20; 2:13; 28:2; Lucas 1:11, 28; 2:9; Juan 20:12; Hechos 8:26; 10:3.

También hay "ángeles caídos". Los ángeles buenos ministran al pueblo de Dios; ¿cuál es el destino de los ángeles caídos?

Satanás fue echado del cielo con un tercio de los ángeles que allí había. Ezequiel 28 dice que cometieron una locura. Jesús dijo en Mateo 25:41 que existe *"fuego eterno preparado para el diablo y sus ángeles"*.

"Porque si Dios no perdonó a los ángeles que pecaron, sino que arrojándolos al infierno los entregó a prisiones de oscuridad, para ser reservados al juicio;" (2 Pedro 2:4).

"Y a los ángeles que no guardaron su dignidad, sino que abandonaron su propia morada, los ha guardado bajo oscuridad, en prisiones eternas, para el juicio del gran día" (Judas 6).

Por tanto, la presencia y realidad de los ángeles caídos, en sus varias jerarquías de *"principados y potestades y huestes espirituales de maldad"*, es muy real y comprobada por nuestro Señor y sus discípulos. El apóstol Pablo exhortaba a los creyentes:

"Vestíos de toda la armadura de Dios, para que podáis estar firmes contra las asechanzas del diablo. Porque no tenemos lucha contra sangre y carne, sino contra principados, contra potestades, contra los gobernadores de las tinie-

blas de este siglo, contra huestes espirituales de maldad en las regiones celestes. Por tanto, tomad toda la armadura de Dios, para que podáis resistir en el día malo, y habiendo acabado todo, estar firmes. Estad, pues, firmes, ceñidos vuestros lomos con la verdad, y vestidos con la coraza de la justicia, y calzados los pies con el apresto del evangelio de la paz. Sobre todo, tomad el escudo de la fe, con que podáis apagar los dardos de fuego del maligno. Y tomad el yelmo de la salvación, y la espada del Espíritu, que es la palabra de Dios; orando en todo tiempo con toda oración y súplica en el Espíritu, y velando en ello con toda perseverancia y súplica por todos los santos;" Efesios 6:11-18).

Esos demonios caídos están trabajando en la iglesia, la sociedad, la política, la educación y en cada fibra de la sociedad.

Un área de trabajo en particular es la transferencia de espíritus, de una persona a otra, o de una persona a un grupo, o de un grupo a la sociedad. Pero es violenta. Y nosotros debemos reconocer que el enemigo está trabajando.

12. *Satanás: sus ángeles, demonios y espíritus inmundos*

Satanás, al que muchas veces se llama diablo o Lucifer, es un espíritu. Sus ángeles o demonios son espíritus. Sin embargo, son muy reales. Debemos reconocer, al continuar este estudio, que Satanás y sus huestes no son sólo meras influencias que no merecen ser tenidas en cuenta, sino poderes reales. Veamos las siguientes observaciones relativas a Satanás.

EL ORIGEN DE SATANAS

Satanás fue creado por Cristo (aunque no en su actual estado caído), como el resto de los ángeles, querubines y serafines, principados y potestades en el cielo y en la tierra (Job 38).

Satanás fue creado perfecto y hermoso (Ezequiel 28:11-19), pero el pecado y el orgullo motivaron su caída (Isaías 14:12-14) y su expulsión de la comunión en la presencia de Dios. Colosenses 1:15-18 nos da una imagen clara de que Cristo creó a Satanás, y el propósito que éste cumple, aún hoy:

"El es la imagen del Dios invisible, el primogénito de toda creación. Porque en él fueron creadas todas las cosas, las que hay en los cielos y las que hay en la tierra, visibles e invisibles; sean tronos, sean dominios, sean principados,

sean potestades; todo fue creado por medio de él y para él.
Y él es antes de todas las cosas, y todas las cosas en él sub-
sisten; y él es la cabeza del cuerpo que es la iglesia, él que
es el principio, el primogénito de entre los muertos, para
que en todo tenga la preeminencia;"

Parece que cuando Satanás fue echado de la presencia de Dios, vino a gobernar la tierra. Yo no enseño esa doctrina, pero consideremos esto: Isaías 14:12-23 revela que Satanás hizo que el mundo fuera un desierto (v. 17) y que *"destruiste tu tierra, mataste a tu pueblo"* (v. 20). Si esto es así, entonces todo sucedió antes de los seis días de Génesis 1:3-2:25.

Además, 2 Pedro 3:6 habla de un mundo que pereció (versículo 7), *"...pero los cielos y la tierra que existen ahora..."* Sabemos que la tierra, en cierto sentido, pereció en la época de Noé, pero los cielos no, y tampoco la vegetación. Así que parecería que la cita anterior se refiere a un mundo pre-adámico que pereció bajo el gobierno de Satanás. Los científicos insisten en que esta tierra existe hace millones de años; que los dinosaurios son de tiempos pre-adámicos. La Biblia dice, en Génesis 1:28, que a Adán y Eva se les encomendó que se multiplicaran y llenaran la tierra. Estas fueron las mismas palabras que se le dijeron a Noé para que repoblara la tierra. Tenemos datos de que existió una humanidad antes del diluvio.

Parecería entonces que Noé debía repoblar aquello que existía antes de su época. Todos los pasajes anteriores revelan que Satanás dirigió una invasión en el cielo, con un tercio de los ángeles, para destronar a Dios y establecer su propio trono sobre el de él. Su plan falló, él fue echado fuera del cielo, a la tierra, y edificó su reino, que finalmente llevó al cielo y a la tierra a un estado de "vacío". No se sabe cuánto tiempo permaneció en este estado de vacío y oscuridad (Génesis 1:2), antes de que el Espíritu de Dios comenzara a moverse.

Cuando Dios creó un lugar llamado "huerto del Edén", y colocó allí al hombre y a la mujer dándoles el dominio sobre la tierra, Satanás, en forma de serpiente, vino a ellos buscando el dominio o control de la tierra.

Aquí, entonces, vemos el primer incidente de transferencia de espíritu. Adán y Eva tenían el Espíritu de Dios, tenían comunión con Dios, caminaban y hablaban con Dios. Entonces, Lucifer, Satanás, vino a conversar y tener comunión con Eva. Veamos los pasos que involucran los cinco sentidos de Eva cuando ella abrió las ventanas de su alma a Satanás:

(1) Le prestó oído, lo escuchó.

El sembró una semilla de duda. *"¿Conque Dios os ha dicho: No comáis de todo árbol del huerto?"* (Génesis 3:1-3). Ella entró en un diálogo, una cierta forma de comunión. Luego de sembrar la semilla de duda, el diablo colocó una mentira: *"No moriréis"*. Ya tenía su oído, así que siguió sembrando más semillas de duda, desconfianza e ideas erróneas.

"...sino que sabe Dios que el día que comáis de él, serán abiertos vuestros ojos, y seréis como Dios, sabiendo el bien y el mal" (Génesis 3:5).

Satanás sigue obrando de la misma forma en la actualidad.

Cuántos hogares, iglesias, fraternidades, han sido socavados y destruidos por esta estrategia. Alguien siembra dudas, desconfianza, representa en forma errónea otro ministerio o persona, viste sus palabras con vestiduras de alabanza, apreciación y preocupación, diciendo incluso "yo lo amo", seguido de "pero..." "Este hermano tiene este otro plan, o este otro propósito...etc., etc." Después vierte su espíritu en los que están reunidos con él, de manera que llegan a pensar igual. A menos que tomemos conciencia de las tácticas de Satanás, todos podemos ser engañados.

(2) *"Y vio la mujer que el árbol era bueno para comer, y que era agradable a los ojos"* (v. 6).

El segundo paso apelaba a su sentido de la vista. El árbol era agradable a los ojos. Ella ya había recibido el espíritu de engaño, ya que vio que el árbol era *"codiciable para alcanzar la sabiduría"*. Entonces siguió con el tercer paso.

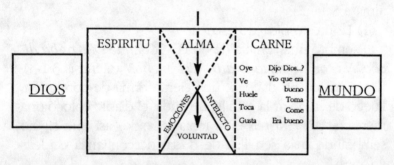

(3) *"...tomó de su fruto..."*

Ahora es el tercer sentido, el del tacto. Tocamos algo sólo cuando nuestra voluntad ha sido influida primero. Al oir y ver, los componentes del alma (intelecto, emociones y voluntad) comienzan a actuar, y a esto le sigue la acción. La voluntad ordena al cuerpo que cumpla los pasos 4 y 5.

(4 y 5) *"...y comió;"*

Comemos y olemos simultáneamente. Parecía todo tan razonable y natural. Si creemos lo que vemos y oímos, es tan fácil tomar y satisfacernos. No murió físicamente en forma inmediata, por lo que este espíritu fue transferido a su esposo, cuando ella *"dio también a su marido, el cual comió así como ella."*

Podríamos decir mucho más en este punto, ya que es la base de las pruebas y las tentaciones. No saber cómo resistir y vencer en este punto puede significar el fracaso para la vida cristiana.

En ese momento, y a través de ese acto del hombre, Satanás recobró el dominio, el control y el gobierno del mundo. Cuando Satanás le ofreció a Jesús *"todos los reinos de la tierra"*, si Cristo se inclinaba y lo adoraba, según una traducción, le dijo, *"que han sido traicionados para mí"*. Adán tenía dominio sobre los reinos del mundo. El segundo Adán, Jesucristo, vino y enfrentó cada prueba y tentación de Satanás para recuperar el dominio y el control. Como hombre, Jesucristo venció a Satanás y lo despojó de todo el control (Colosenses 2:15). El ha encargado a su iglesia, los hijos de gloria, que establezcan su reino en la tierra. Aquí es donde se produce la ruptura. Estos hijos no están ejerciendo la autoridad (Lucas 10:19) como el Señor se la dio.

La relación de Satanás con el hombre redimido desde la muerte y la resurrección de Cristo ha sido la de un usurpador. Satanás puede hacer sólo lo que la comunidad redimida le permitir hacer.

Tenemos poder para atarlo, destruir sus obras, limitar sus efectos o hacer nulos sus esfuerzos. Una cosa que la mayoría de los creyentes no han reconocido es la efectiva forma en que él puede transferir su espíritu, especialmente cuando viene como ángel de luz en nombre de un obrero cristiano.

Transferencia de Espíritus

"Porque éstos son falsos apóstoles, obreros fraudulentos, que se disfrazan como apóstoles de Cristo. Y no es maravilla, porque el mismo Satanás se disfraza como ángel de luz. Así que, no es extraño si también sus ministros se disfrazan como ministros de justicia; cuyo fin será conforme a sus obras" (2 Corintios 11:13-15).

Si los creyentes permanecen cubiertos por la sangre de Cristo y andan en el Espíritu, no tienen por qué preocuparse de recibir algún espíritu maligno. Si andan en lo opuesto a la enseñanza de la Palabra de Dios, y hacen lo que quieren, como hizo Eva, por su cuenta, caerán también en engaño y decepción. Dios ha provisto el medio, Cristo, por el cual cada creyente puede vencer a Satanás y a sus huestes.

Nos ha dado el poder. Hechos 1:8.

Nos ha dado autoridad, (Lucas 10:19), y nos ha encomendado que echemos fuera demonios (Efesios 6:10-18).

Aunque ruja como un león, se ha previsto que podamos resistir con éxito sus esfuerzos. 1 Pedro 5:8,9; Santiago 4:7.

No nos equivoquemos: Satanás gobierna este mundo porque los hijos de Dios se lo permiten. He visto una ciudad completamente entregada al pecado. Llegamos allí con una cruzada que atrajo más gente a un solo culto que toda la población del lugar. Durante meses, después de eso, nadie compró alcohol ni tabaco. Si todos los creyentes hubieran continuado ejercitando su autoridad espiritual, las condiciones habrían mejorado y el poder de las tinieblas habría sido vencido por completo. Cada vez que los cristianos deploran el terrible, pecaminoso estado en que están las cosas, lo que realmente hacen es expresar lo poco efectivos que son. Oramos: *"Venga tu reino. Hágase tu voluntad, como en el cielo, así también en la tierra"*, pero el Señor hace tiempo que nos ha encomendado a NO-SOTROS que establezcamos su reino en la tierra.

En la Palabra de Dios se hace evidente, sin embargo, que el reino de Cristo en la tierra, que El recuperó de manos de Satanás, no será plenamente establecido hasta que venga con sus santos según dice Apocalipsis 19 y 20.

Continuando con el estudio de la estrategia y los métodos de Satanás para transferir su espíritu a la humanidad, y algunas veces al pueblo de Dios, debemos echar un breve vistazo a sus obras.

Elohim (Dios creador y Todopoderoso) creó inicialmente todas las cosas para su placer y gloria. Ya hemos visto cómo esa hermosa criatura, Lucifer, lideró una rebelión para destruir y desvirtuar los propósitos de Dios.

El propósito de Dios en el hombre era difundir, a través de este ser moral, poseedor de libre albedrío, este compañerismo, amor y adoración. Satanás impidió ese propósito, logrando su primer éxito. Sabemos que aún en la caída y desde el principio de la creación, ya se había previsto la caída. Dios, en Cristo, redimiría y perfeccionaría un pueblo para sí mismo a la imagen y semejanza de su propio amado Hijo. Este Hijo sería el Hijo Modelo. Todos los hijos madurarían hasta llegar a su semejanza.

"...hasta que todos lleguemos a la unidad de la fe y del conocimiento del Hijo de Dios, a un varón perfecto, a la medida de la estatura de la plenitud de Cristo;" (Efesios 4:13).

Pero Satanás ha estorbado y obstruido la obra de gracia y los esfuerzos del Espíritu Santo; lo hace aún, y lo seguirá haciendo, hasta que sea atado y echado al lago de fuego (Apocalipsis 20).

Desde que Dios prometió en Génesis 3:15 que a través de la simiente de la mujer que Satanás había engañado, vendría el Mesías, el diablo jamás dejó de intentar que esa promesa no se cumpliera. Tan pronto como Caín y Abel crecieron y llegaron a ser hombres, Satanás puso un espíritu de asesinato en Caín, para que matara a su hermano Abel. Si estudiamos cuidadosamente la línea genealógica del Mesías, encontraremos constantemente los ataques de Satanás en sus componentes, con el fin de evitar el cumplimiento de la venida del Mesías.

El interés principal de este libro es descubrir cómo Satanás usa su espíritu para controlar los espíritus de los hombres. En un momento observaremos en las Escrituras algunas de las tácticas que Satanás usa con este fin. Pero primero, creo que es importante que veamos a Satanás como una persona real.

(a) Nuestro Señor lo trató como una persona real. Mateo 4:1-11; Marcos 1:12; Lucas 4:1-13: Satanás habló con Cristo, viajó con él, lo tentó, trató de sobornarlo. Todas las acciones y los diálogos de Satanás revelan que había otra persona (además de Cristo) en el desierto de la tentación.

(b) Jesús enseñó que Satanás era una persona real. Lucas 10:18: El ve a Satanás caer del cielo como un rayo. Lucas 13:16: Satanás tuvo atada a una mujer durante dieciocho años.

(c) Los discípulos enseñaron que Satanás era una persona real. Efesios 6:10-18: Debían usar una armadura especial para luchar contra él. 1 Pedro 5:8,9: Se nos enseña a resistirlo como adversario. 1 Tesalonicenses 2:18: Pablo dice que Satanás estorbó su viaje. Santiago 4:7: Santiago dice que resistamos al diablo y él huirá de nosotros.

(d) Los patriarcas se encontraron con Satanás. Job, capítulos 1 y 2; Isaías 14:12-14; Zacarías 3:1,2; Salmo 109: 6, Ezequiel 28:11-17.

(e) El diablo es llamado:
1 El dios de este mundo. 2 Corintios 4:4.
2 El malo. Mateo 13:19,38.
3 El maligno. 1 Juan 5:18.
4 Lucifer. Isaías 14.
5 Diablo o Satanás. Apocalipsis 12: 9.
6 Acusador de nuestros hermanos. Apocalipsis 12:10.
7 Adversario. 1 Pedro 5:8,9.
8 Belial. 2 Corintios 6:15.
9 Beelzebú. Mateo 10:25; 12:24.
10 Dragón. Apocalipsis 12:3-12; 13:1-4; 20:1-3.
11 El enemigo. Mateo 13:39.
12 Serpiente. 2 Corintios 11:3; Apocalipsis 12:9.

Tomando como base lo citado anteriormente, es evidente que es una persona real involucrada en muchas actividades.

13. *La actividad de Satanás*

Veamos cuáles son algunas de las actividades de Satanás y cómo logra o alcanza sus metas.

Satanás es un engañador.

Engaña al mundo:

"Y fue lanzado fuera el gran dragón, la serpiente antigua, que se llama diablo y Satanás, el cual engaña al mundo entero; fue arrojado a la tierra, y sus ángeles fueron arrojados con él" (Apocalipsis 12:9).

El mundo realmente vive engañado. Veamos sólo unos pocos ejemplos.

Recuerdo muy bien, cuando terminaban los años de la "Gran Depresión", que la cantidad de crímenes aumentaba. Tanto los educadores, como los analistas, los políticos y hasta las autoridades religiosas estaban de acuerdo en una misma "solución": "Eduquemos al pueblo y nuestros problemas se solucionarán. Si nos volvemos más educados, seremos más mundanos y civilizados; crearemos la era dorada, el milenio hecho por el hombre, la utopía."

Todos los esfuerzos comenzaron a enfocarse en esa dirección.

Los impuestos subieron, y la confiscación de fondos por parte del gobierno para institutos terciarios o universidades era cosa segura. Pero con nuestros edificios caros y profesores bien pagos llegó la teoría de la evolución. Dios y su Palabra fueron echados de las aulas. El puritanismo fue destronado y se entronizó una nueva moralidad. Se adoptó una permisividad de libertad irrestricta. Pronto la generación del doctor Spock estaba disfrutando la libertad de quemar esas instituciones y convertirse en sus propios amos y regidores. Los maestros llegaron a tener miedo de entrar en las aulas. Satanás los había engañado, y la mayoría seguían ciegos. Este espíritu de engaño se instaló en las aulas a gran escala.

Otro engaño es la libertad de habla y la libertad de pensamiento. Esto suena muy bien, muy democrático. Se argumenta que es el principio guía fundamental del cristianismo y la democracia. Dentro de este maravilloso envoltorio llega la pornografía en sus diferentes formas. La mente erótica pervertida dice: "Ahora soy libre para escribir, leer y pensar lo que quiera. Nadie puede ordenarme lo que puedo ver o decir." Este espíritu se colocó sobre escritores, cineastas y luego sobre sus lectores y el público. La cosecha ha sido abuso de niños, violaciones y asesinatos. Todo esto parecía tan bueno al comenzar. Los slogans de Satanás son magistralmente diseñados, elocuentemente propagados, producidos en masa, vendidos al por mayor y distribuidos meticulosamente.

Tomemos el slogan de "la igualdad de derechos". ¿Quién podría estar en contra de la igualdad de derechos? "Pero, claro; ¡todos debemos tener los mismos derechos!", gritamos. Hombres, mujeres, blancos, negros, ingleses, franceses, católicos o protestantes... todos deben tener los mismos derechos. Nos subimos al tren de la igualdad de derechos. Las minorías no deben ser olvidadas. Y cuando se aprueba la legislación, los homosexuales y las lesbianas salen a escena. "Nosotros también tenemos derecho a usar la televisión y la radio para mostrar nuestra forma de vida.

Nosotros también tenemos derecho a enseñar en las aulas y proclamar nuestro estilo de vida sexual." Repentinamente, los que apoyaban la "igualdad de derechos" se horrorizan al saber que a sus hijos se les enseña esta perversión y ellos no pueden hacer nada para impedirlo. El espíritu del maestro se transfiere a su alumno y Satanás recoge su cosecha. Un padre dice: "¿Qué puedo hacer?" Bueno, puede cubrir a su hijo con la sangre de Cristo y oración.

Usted puede hacer algo para liberar a las aulas de los pervertidos.

Puede poner a su hijo en una escuela cristiana, si le parece bien. Un niño debería ser protegido hasta que haya adquirido los medios para protegerse por sí mismo. Entonces podrá tomar su lugar entre "la sal de la tierra" y ser "luz del mundo" para que su testimonio cristiano pueda ser aplicado contra la pudrición y la oscuridad. Podemos formar grupos de padres y maestros, presentarnos a las elecciones para concejales, para cargos en la educación, o en el gobierno. ¿Por qué abandonar el mundo en manos de Satanás, si nosotros debemos establecer el reino de Cristo?

Pero Satanás tiene su manera de engañar al mundo. Podríamos mencionar muchas otras formas, como en la economía, la salud, la ecología, la ciencia, etc.

Pero otra buena ilustración es el movimiento sindical. Los cristianos organizaron la primera unión obrera. Parecía justo que el obrero tuviera su parte en las ganancias de un hombre de negocios injusto y ávido de dinero. El movimiento se extendió por todo el mundo. A medida que se iba haciendo más fuerte y organizado, pronto los gangsters y los comunistas comenzaron a tomar las riendas. No todos los sindicatos están bajo su control, pero las cosas comenzaron a escaparse de las manos. Huelgas nacionales paralizaron al país; las personas quedaron sin los servicios esenciales; empresarios inocentes y sinceros debieron caer en la bancarrota; pero mientras tanto, aun los organizadores de los sindicatos se volvieron víctimas de sus propios esfuerzos.

El espíritu militante se extiende con cada discurso que se pronuncia y cada artículo que se escribe. Las masas son atrapadas por este espíritu egoísta y desconsiderado y toda la nación sufre. Los empresarios ceden y suben el precio de su producto final. La inflación se desata y en pocos meses se produce otro choque entre los obreros y la parte empresaria. Mientras tanto, los ancianos y aquellos que tienen ingresos fijos sufren. Alguien dice: "¿Adónde vamos a parar?" Es el engañador, que extiende su engaño en todo el mundo; y aun los redimidos lo ayudan a hacerlo.

El enemigo utiliza la publicidad en forma muy efectiva para extender el espíritu de engaño en todo el mundo. Desde que se creó la televisión, su efectividad ha aumentado un ciento por ciento.

Consideremos los anuncios de bebidas alcohólicas. El escenario es un paisaje montañoso, arroyos, jóvenes vibrantes, llenos de vida; entonces se ve un vaso medio lleno de una bebida alcohólica chispeante, con una canción de melodía pegadiza como fondo, y una letra que dice: "Esta es la buena vida." El enemigo no muestra el resultado final: personas alcoholizadas tiradas en los callejones, o los cuerpos destrozados de jóvenes que murieron en un accidente causado por un conductor ebrio. ¿Por qué los anuncios no muestran los hogares deshechos o el cuerpo arruinado de la víctima? Una imagen en colores de un hígado afectado por la cirrosis sería real, pero el enemigo debe engañar para lograr el éxito.

Con el tabaco sucede lo mismo. Los avisos comerciales muestran imágenes del campo, con paisajes pintorescos, ganado bien alimentado, hermosos caballos, hombres sanos. ¿Es el tabaco el que los conserva tan sanos? ¿Por qué el enemigo no muestra una imagen en colores de un cáncer de pulmón, o de sus víctimas, tosiendo toda la noche, o de un fumador que queda dormido y provoca el incendio de su casa con una colilla? No, claro; él no querría hacer publicidad de los resultados del tabaco. El es el engañador del mundo. Extiende su engaño a través de la palabra, de los avisos, y utilizando los cinco sentidos. Observemos estos avisos: "Escúchalo, míralo, tócalo, pruébalo, huélelo..." "Tiene tan buen gusto... ¡Esta es la buena vida!" Pero en realidad es la gran mentira, el gran engaño. Satanás extiende su espíritu de engaño y todo el mundo cae en sus manos. Pero su tiempo está llegando (Apocalipsis 12:9-12).

Satanás es padre de mentira:

"Vosotros sois de vuestro padre el diablo, y los deseos de vuestro padre queréis hacer. El ha sido homicida desde el principio, y no ha permanecido en la verdad, porque no hay verdad en él. Cuando habla mentira, de suyo habla; porque es mentiroso, y padre de mentira" (Juan 8:44).

¿Puede reconocer cómo el espíritu de engaño, de mentira, se extiende aun a través de la televisión? Nuestros jóvenes miran, y en su mayoría, creen la mentira sobre la "buena vida".

Esa mentira puede venir en forma de representaciones tergiversadas, como vimos antes. Puede llegar a los niños, en cuyo caso ellos necesitarán ser advertidos, instruidos y corregidos. Puede llegar a, o de parte de, los adultos. Si aún están en pecado y no han nacido de nuevo, no puede esperarse otra cosa. Para el hombre no regenerado es tan natural mentir, engañar, insultar u odiar, como lo es ladrar o morder para un perro.

Cuando una persona dice ser nacida de nuevo y llena del Espíritu, pero miente, tenemos un problema mucho más complicado.

He descubierto, luego de más de treinta años de ministerio pastoral, que si una persona así miente, particularmente si está trabajando en algún ministerio, es casi imposible confiar en ella o rehabilitarla. Si confiesa su pecado y se arrepiente genuinamente, no hay duda que será restaurada. Pero si al confrontarla con su pecado trata de cubrirlo, no pasará mucho tiempo antes de que otros sean contaminados con su espíritu de mentira, si se le permite seguir ministrando. Satanás es padre de mentira y no hay forma de hacer "arreglos" con él.

Satanás es un homicida (Juan 8:44).

Satanás rara vez le dice a alguien que mate a otra persona. El atrapa a las personas paso a paso. Prepara cuidadosamente la carnada.

Puede comenzar con una salida inocente, una noche, que termina en una violación. Luego, para cubrir el hecho, Satanás sugiere deshacerse de la víctima. Sigue el homicidio. Luego el sentimiento de culpa, el juicio y el veredicto de culpabilidad, la muerte.

O un hombre que codicia a un jovencito... Comete un acto sexual pervertido, teme ser descubierto... Y Satanás le sugiere el próximo paso: destruye la evidencia... homicidio.

Surge el odio entre los gobernantes de las naciones: invasión, guerra, homicidio.

Un cristiano se siente justificado al no aceptar a otro creyente; se instala el odio. Cristo lo llama homicidio.

"Todo aquel que aborrece a su hermano es homicida; y sabéis que ningún homicida tiene vida eterna permanente en él" (1 Juan 3:15).

Este espíritu se propaga, divide familias, sociedades, iglesias. Satanás y sus ángeles son los que están detrás de todo esto.

Satanás siembra discordia:

"El enemigo que la sembró es el diablo; la siega es el fin del siglo; y los segadores son los ángeles" (Mateo 13:39).

Hay discordia entre las naciones, interna y externamente; discordia en el gobierno; discordia en hogares e iglesias. ¿Quién inicia todo? Satanás. Debemos reconocer cómo se ha expandido este espíritu de discordia entre las naciones, dentro de una nación, en una iglesia, en un hogar, o entre personas.

Oh, podemos ponerle muchos nombres a esto. Podemos sentirnos justificados al decir: "Yo tengo razón." Pero, ¿es "de buen nombre"? ¿Es amable? ¿Va a bendecir a las personas, y a Dios? Si no es así, será mejor que enfrentemos el hecho de que hay sólo un autor de discordia, y ése es el maligno. Puede ser que seamos salvos y llenos del Espíritu, pero si somos parte en una discordia estamos siendo usados por el enemigo. Esto no significa que estemos poseídos por demonios. Si usted se fija en el gráfico sobre el Espíritu de Dios, el espíritu del hombre y el espíritu del mundo, verá cómo la discordia, que es parte del mundo, la carne y el diablo, entra en el espíritu del hombre y se expresa.

Por otra parte, el Espíritu de Dios lucha con el hombre y también el fruto del Espíritu se muestra en el espíritu del hombre.

Pero, ¿por qué debería el hijo de Dios permitir que una parte de su espíritu fuera gobernada por el espíritu del mundo?

Naturalmente, nosotros no queremos ser vehículos para extender el espíritu de discordia. Lo único que puedo decir es que si usted está en discordia con un hermano, está siendo usado por Satanás.

Arrepiéntase, renuncie y comience a ser un canal de paz, amor y unidad. Si no lo hace, usted también propagará ese espíritu de discordia a todos aquellos con quienes se ponga en contacto.

Satanás es difamador.

En Génesis 3:1-10 vemos cómo Satanás difamó a Dios ante el hombre. "Dios no está interesado en tu bien", dice Satanás. "El no quiere que comas del árbol de la ciencia del bien y del mal, porque entonces tú y tu marido serán 'como dioses'. Dios te está negando algo. Claro, porque si lo comes serás sabia. Eva, Dios no quiere que seas sabia ni que te conviertas en una diosa. El quiere que seas común e ignorante. Escúchame y te abriré los ojos para que seas más de lo que eres. Entonces serás realmente alguien."

¿Sabe usted que Satanás sigue actuando de la misma forma en la actualidad? Cuando un huracán destruye su hogar, o el templo de la iglesia, o tira abajo la carpa donde estaban realizando la campaña evangelística, Satanás dice inmediatamente: "Eso es lo que les está haciendo Dios."

Alexander William Ness

Las compañías de seguros dicen que es un "acto de Dios".

Pero no dice qué dios lo provocó. La Biblia puede decírselo. Cuando el dios de este mundo trató de destruir a los discípulos y el bote en el que viajaban con Jesús, el Señor se levantó y reprendió al viento. ¿Cree usted que Jesús estaba reprendiendo a Dios Padre? Los predicadores también son culpables de difamar a Dios. Luego del huracán, revisan los daños, se paran en los escalones de cemento de lo que era el templo, y dicen con voz monótona: *"El Señor dio, y el Señor quitó; sea el nombre del Señor bendito."* La nación lo mira por televisión, y dice: "Gracias, pastor. Estoy muy bien sin ese dios."

En toda catástrofe, Satanás se acerca a las víctimas sobrevivientes y les susurra: "Ese es el amor que te tiene Dios."

Accidentes, desastres, terremotos, ciclones, enfermedades, y cosas semejantes, no son obra de Dios. Dios puede permitirlas por algún propósito, pero generalmente no hace ni envía tales cosas.

Digo "generalmente" porque en el Antiguo Testamento se relatan casos en los que Dios dijo que haría llover juicio de fuego o granizo sobre los rebeldes y desobedientes (Ezequiel 38:22). Dios envió el diluvio. Dios envió fuego sobre Sodoma y Gomorra. Dios abrió la tierra para que tragara a Coré, Datán y Abiram, los "co-pastores" rebeldes de Aarón. Aun entonces, Satanás estaba trabajando en medio del pueblo, acusando a Dios y a Moisés de ser duros y de juzgar severamente.

Satanás siempre está difamando a Dios y dando una representación falsa de él al hombre. Veamos cómo difama a Dios, aún hoy. Les dice a sus seguidores: "Quédate conmigo. Te daré los deseos de tu corazón: vino, mujeres y canciones; alégrate, diviértete. Ese es mi lema." "Gratifica los deseos de tu carne, haz lo que quieras, considérate sólo a ti mismo, ámate sólo a ti mismo, pasa por encima de cualquiera cuando sea necesario, simplemente diviértete. Si vas hacia Dios, él te limitará. El no quiere que te diviertas. Te va a sacar el trago. Te quitará las mujeres extrañas. Tu vida será aburrida. No habrá diversión.

Tendrás que ir a una iglesia seca, muerta, y a reuniones de oración con un montón de viejitas. Dios no tiene en cuenta tus intereses." Así sigue y sigue, difamando a Dios ante hombres y mujeres que le creen. ¡Si sólo conocieran el gozo, la paz y el amor que da conocer a Cristo como Salvador y Señor!

También difama a los hombres ante Dios.

Veamos lo que le dice a Dios sobre Job (Job 1:6-12; 2:1-7). Dios le dice a Satanás: *"¿No has considerado a mi siervo Job...?"*

Dios conocía el corazón de Job, que él temía a Dios, que era un hombre recto y que amaba a Dios con todo su corazón.

Satanás difama a Job: "Sabes, Dios, la única razón por la que Job te sirve es porque tienes un cerco de protección alrededor de él. Dios, Job te está usando como póliza de seguro para su protección. Pero si levantas ese cerco, y me dejas que yo lo ataque, verás como te maldice en tu propia cara."

"No", dice Dios. "Te probaré que eso no es cierto. Vé y hazle lo que quieras, pero guarda su vida."

Así que allá fue Satanás con sus huestes. Algunos fueron y quemaron los sembrados; otros mataron el ganado; otros destruyeron a los hijos de Job, que estaban en una fiesta. Otros fueron enviados a la esposa de Job, para decirle que Dios estaba haciendo todo esto. Otros fueron a los amigos de Job y lograron que acusaran a Dios y a Job.

Estudie sus espíritus y verá cómo trataron de imponer su propio espíritu sobre Job. Todo el ejército de Satanás estaba difamando a Dios frente al hombre y al hombre frente a Dios.

¿Sigue siendo así hoy? Por supuesto. ¿Alguna vez notó cómo algunas veces las calamidades atacan a una familia como si fuera una avalancha? Alguien dijo que "vienen de a tres", para obligarnos a reaccionar. ¿Alguna vez sufrió severas pruebas, desastres o malos entendidos? Se sentó solo y comenzó a pensar.

Meditó, pensando una y otra vez en todo, mientras los secuaces de Satanás se quedaban cerca suyo, observando su depresión o su agitación interior. ¿Por qué? ¿Por qué? ¿Por qué?

Llegaron antes de que pudiera prepararse.

¿Por qué tuvo que pasarme esto?

Dios, ¿dónde estás?

Esto seguramente no es "por mi bien".

Esta situación me está destruyendo.

Dios, ¿por qué permitiste que eso sucediera?

Este dolor es más de lo que puedo soportar.

Satanás le sugiere que se aparte de la iglesia por un tiempo.

Que deje de leer la Biblia y de orar por un tiempo. Después de todo, el pastor no tiene respuesta; la Biblia no tiene respuesta; simplemente, deje las cosas de Dios a un lado por un tiempo.

Mientras Satanás está difamando a Dios ante el que sufre, también está difamando a éste ante Dios.

"Mira, Dios, ahí está tu precioso redimido." "Lo único que tuve que hacer fue tocar sus posesiones, sus seres queridos, su cuerpo, y ya está dispuesto a dejarte."

"La obra de tu 'gracia' en su vida es bastante superficial, después de todo." "No hace falta mucho para desalentarlo, ¿no, Dios?"

"Esa 'llenura del Espíritu, y de poder' no es tan poderosa, después de todo."

"Míralo, Dios, allá abajo. Pronto lo llevaré a la tumba."

Y así sigue el difamador ante Dios y ante los hombres. Pero ¿cuántos se dan cuenta en ese momento de que Satanás está obrando en forma tan efectiva en sus vidas?

Cada vez que usted habla mal de un pastor, un evangelista, un santo, un siervo de Dios, usted se convierte en una herramienta de difamación en manos de Satanás. El ha puesto su espíritu en usted y a su vez, lo usa para que transmita ese espíritu a otros.

Satanás es un ángel de luz.

"Y no es maravilla, porque el mismo Satanás se disfraza como ángel de luz" (2 Corintios 11:14).

Casi todos, especialmente los cristianos, saben que Satanás es real, que está en acción, que se opone a la obra de Dios, que es un *"león rugiente buscando a quién devorar"*. Saben que el adulterio, la fornicación, el homicidio y cualquiera de las otras diecisiete obras de la carne (Gálatas 5) son del demonio. Pueden enfrentar la mayoría de esas obras y vivir relativamente libres de culpa en cuanto a ellas, porque saben que están equivocadas.

Pero no están preparados para enfrentar a Satanás como "ángel de luz". Allí es donde el diablo tiene su gran ganancia...

Cuanto más un grupo crea y enseñe la santidad, más división y discusiones podrán encontrarse en su medio. Algunos de ustedes saben a qué me refiero.

Cierta vez, mi familia y yo debimos viajar en un día domingo.

Nos anotamos en un hotel a las 18:00 y, sin haber cenado, empezamos inmediatamente a buscar una iglesia. A varias cuadras de allí encontramos una iglesia "de la Santidad". Ellos creían firmemente que en un determinado momento se produce una "segunda obra de gracia", y que quien recibe esa segunda bendición es totalmente santificado. Había aproximadamente cincuenta personas y yo era el único visitante. Sentí que algunos de ellos se sentían incómodos con la visita, ya que, aunque yo estaba sentado en el último banco, varios hermanos, incluso el pastor, se daban vuelta para mirarme. En el momento de dar los testimonios, una hermana que tendría casi cincuenta años contó a la iglesia que había recibido su "segunda bendición": la "erradicación total de la naturaleza carnal", que había experimentado el domingo anterior. El pastor, con un anotador en la mano y las piernas cruzadas, con el tobillo sobre la rodilla, tomó nota del nombre, la fecha y el lugar donde se había producido la experiencia de la hermana. Una vez que ella comentó esto, casi toda la congregación se convirtió en un grupo de espías. Desde esa noche, esa mujer sería observada cuidadosamente, acusada y condenada por cada pequeña inconsistencia que hubiera en su andar cristiano. Cada acusación contra ella sería considerada justificada y correcta, dado que se trataba de promover la santidad. Pocos se darían cuenta de que Satanás, como ángel de luz, estaba acusando a los hermanos. Menos aún comprenderían que este mismo ángel estaba propagando condenación, y espíritu de condenación.

Los evangélicos han dividido congregaciones y grupos de hermanos por la interpretación de Juan 3:16. Un grupo sostiene que posee mayor luz y verdad, por lo que deben separarse de los otros hermanos. Cuando la separación se produce, las familias se dividen, estalla la ira y las luchas se hacen violentas. Un grupo se reúne en la vereda de enfrente, y, como comentara alguien, canta: "¿Habrá estrellas en mi corona?", mientras el otro grupo canta: "Ninguna, ninguna, ninguna". Sí, podemos reírnos de estas cosas, pero ¿cómo se siente Dios, que nos salvó para que nos amáramos unos a otros y fuéramos uno, así como él y el Padre son uno?

Cuanto más decimos tener del Espíritu de Dios, más se deleita el ángel de luz en obrar allí. Allí es donde debería haber "discernimiento de espíritus" (1 Corintios 12). ¡Cómo debe disfrutar Satanás echándole en el rostro a Dios las inconsistencias de estos santos, y la impotencia de este "don"!

Observemos a este ángel de luz operando entre los carismáticos. El predicador ha predicado un mensaje lleno de unción y comienza a hacer el llamado a los pecadores, cuando, como un rayo, alguien comienza a hablar en lenguas, asustando a la congregación que se mantenía en silencio. Por supuesto, el llamado para aceptar a Cristo queda anulado. Y dado que a quienes están allí reunidos se les ha enseñado que este tipo de expresión es bíblica, nadie se atreve a llamarla por su verdadero nombre.

Muchas veces, el líder, o alguien, intenta una interpretación. En su forma modificada, esta acción puede ser una bendición.

Recuerdo muy bien que en una reunión evangelística en una carpa, el evangelista hizo un llamado para que las personas aceptaran a Cristo y nadie respondió. El me entregó el púlpito y yo estuve durante tres minutos con la cabeza inclinada. Entonces hubo un mensaje profético. Después de la profecía, simplemente dije: "Todos aquellos que saben que deberían estar aquí adelante, por favor, pasen." Dieciocho personas tomaron el camino de tierra del medio y pasaron al frente.

¿Ha estado usted alguna vez en un culto donde todos estaban verdaderamente adorando y amando a Jesús, en una dulce expresión congregacional, cuando de repente alguna persona comenzó a sacudirse y a gritar, supuestamente "en adoración"?

Repentinamente, la adoración a Cristo cesa y toda la atención es acaparada por esa persona. ¿Qué sucedió? Satanás se metió allí para atraer la atención, pero pocos creyentes, (ni siquiera el que supuestamente está adorando con esos gestos), pueden detectarlo, porque llegó como ángel de luz.

Hace poco estuve en un país donde una iglesia "del evangelio completo" se había dividido cuatro veces. La primera vez sucedió porque un predicador invitado sostuvo que su ministerio profético era de más alto nivel que el de ellos. Su enseñanza era que así como Dios tiene jerarquías diferentes entre los ángeles, querubines y serafines, de la misma forma hay distintas jerarquías de profecía. El resultado de esta enseñanza fue una división e incontables juicios por las propiedades de la iglesia, hasta que el gobierno decidió enviar una comisión para investigar los constantes conflictos en esta iglesia. ¡Cómo se debe de haber burlado el ángel de luz, danzando delante del

Transferencia de Espíritus

Padre, feliz de demostrar su capacidad de engañar y la poca percepción de sus actividades que tuvieron los hermanos de esa iglesia! No puede haber divisiones continuas sin que exista una continua transferencia de este espíritu de división.

Los carismáticos han sido muy abiertos al movimiento del Espíritu de Dios. Muchos de ellos vienen de iglesias donde se daba muy poca enseñanza sobre la Biblia, y son territorio abierto, listo para que el enemigo los vaya sacando de a uno.

Hambrientos de alimento y de verdad, corren tras cualquier maestro que llegue a la ciudad. Muchos de estos maestros son ellos mismos novatos. En vez de comida, reciben el testimonio, la experiencia de alguien, o quizá una historia de algo que le sucedió a otro. No sienten que han sido alimentados. Tienen mucho apetito, así que salen, organizando grupos, corriendo más y más lejos, pero no son satisfechos. Mientras tanto, se exponen a contagiarse de toda clase de espíritus.

Les ruego que no se ofendan, pero esto me recuerda un incidente que supuestamente es cierto. Un granjero, cuando iba a alimentar a sus cerdos, golpeaba el balde donde traía la comida contra el comedero. Cuando los cerdos oían ese ruido, corrían hacia la comida. Un día, el granjero le vendió varios animales a un vecino de otra localidad que quería tener un criadero de cerdos. Varios meses después, el granjero pasó por el criadero de su vecino para ver cómo iba todo. Para su sorpresa, los cerdos estaban hechos piel y huesos. No habían tenido la cría esperada.

Todo el negocio parecía un fracaso. Cuando se inclinó sobre la cerca pensando en el problema, los cerdos salieron corriendo a toda velocidad desde un extremo del corral hasta el otro.

Entonces el granjero comprendió lo que estaba sucediendo. Un pájaro carpintero había volado hacia un árbol hueco y había comenzado a golpear el tronco con su pico, haciendo mucho ruido.

Los cerdos, acostumbrados a ser alimentados al oir ese fuerte ruido, corrían hacia un árbol y otro mientras el pájaro carpintero cambiaba de casa. El sonido estaba, pero la comida no.

¿Necesito explicarlo?

También llegan algunos que quieren hacerse de seguidores.

Pervierten las enseñanzas bíblicas y pronto se ausentan de los cultos en el templo, asistiendo sólo a reuniones en los hogares.

Pasan por alto el hecho de que la iglesia del Nuevo Testamento se reunía en *"el templo y de casa en casa"*. En su búsqueda de la verdad y su disposición a someterse, caen en ataduras y desobediencia. La Palabra de Dios nos anima a reunirnos en la casa del Señor, en el día del Señor. Como ángel de luz, Satanás los convence de que donde hay dos o tres juntos allí es la casa del Señor, y que no necesitan reunirse en el "templo" con los demás santos. Así se debilita la causa del Señor. Los que siguen en el templo se sienten heridos, muchas veces devuelven el golpe, y la batalla se hace más feroz. El "ángel de luz" (2 Corintios 11:14) se convierte en árbitro, mientras los ángeles del cielo lloran al ver la situación. Mientras tanto, nadie reconoce su error. Todo lo contrario: cada acto es justificado con las Escrituras, y sienten compasión y oran por aquellos que se atreven a corregirlos.

¿Cuántas iglesias se han dividido porque un grupo creía tener más "luz", más revelación, o más dones? Muy pocas veces se produce una división porque un grupo diga tener más fruto del Espíritu que el otro. Los santos son engañados por el maligno. Lo triste es que están convencidos de que están haciendo la voluntad de Dios. El "ángel de luz" ha engañado de tal forma a los creyentes, que ellos pelean y viven en medio de luchas y odio, pero están convencidos de que están defendiendo la justicia y la verdad. Ahora bien, observemos cuidadosamente este punto: Cuando se produce una división en una iglesia, o un hombre cae en pecado, o se produce una herejía en enseñanza y en práctica, ¿se dio cuenta usted de que los que están más cerca de quienes son parte del problema no pueden ver su error? Una esposa estará convencida de que su esposo tiene razón, no importa cuán equivocado esté él en realidad. Ninguna discusión logrará cambiar las cosas. Sólo renunciando y arrepintiéndose podrán hacerlo. Si una persona es demasiado orgullosa u obstinada como para reconocer la situación, seguirá bajo el engaño del "ángel de luz". Una reacción negativa a estas verdades puede revelar que existen algunos problemas.

14. *El espíritu de soberbia*

"...la soberbia y la arrogancia, el mal camino, y la boca perversa, aborrezco" (Proverbios 8:13).

Dios odia la soberbia. Es un "espíritu de soberbia". La que causó la caída de Lucifer, e hizo que fuera echado del cielo:

"Se enalteció tu corazón a causa de tu hermosura, corrompiste tu sabiduría" (Ezequiel 28:17).

Cuando la soberbia llega a una persona, la razón se corrompe.

¿Cuántas veces ha escuchado decir, o ha dicho usted mismo: "No entiendo qué le ha pasado a Fulano de Tal. Era un hombre tan agradable antes de conseguir ese nuevo empleo, o antes de hacerse rico, o antes de que eso que sucedió lo hiciera tan orgulloso.

Después empezó a actuar en forma extraña." Lo he visto suceder muchas veces en el ministerio. La promoción llegó demasiado pronto, o el reconocimiento dado a un ministerio o talento "se les subió a la cabeza". Se volvieron orgullosos y su razón se nubló.

Cierta vez observé a un líder de jóvenes que reemplazaba a un pastor que se estaba recuperando de una enfermedad en Florida.

Sólo dos meses después de que se fuera el pastor, el joven empezó a hacer su campaña para que la iglesia echara al pastor enfermo y lo eligiera a él. Casi todas las familias que visitó recibieron su espíritu, y si la autoridad del distrito no hubiera intervenido, él se habría destruido a sí mismo y a la congregación.

El apóstol Pablo advirtió en contra de promover a un neófito, por esta precisa razón:

"...no un neófito, no sea que envaneciéndose caiga en la condenación del diablo" (1 Timoteo 3:6).

El pueblo de Dios tendrá que responder por la caída de muchos potenciales gigantes en el servicio del Señor. Pero usted quizá se pregunte: "¿Qué quiere decir con esto?" Déjeme ilustrarlo. Un joven ha sido recién salvado y liberado de las drogas. En vez de asistir fielmente a una buena iglesia donde enseñen la Biblia, y someterse a un pastor y líderes experimentados, comienza inmediatamente a ir de aquí para allá contando su testimonio.

Comienza su propia asociación evangelística y la gente lo llena de dinero, alabanza y adoración. Ahora puede convertirse en una estrella, con la última moda en ropa, peinados, joyas y toda la buena vida. Se instala el orgullo. El líder ha logrado todo, cuando apenas ha comenzado.

Conocí un joven así, que tenía todas las cosas que acabo de mencionar, y su ministerio fue totalmente arruinado. Alguien acaba de recibir el Espíritu Santo, y, según dice, algunos dones, así que todos corren tras la nueva estrella. Cuando cae por soberbia, los que lo siguen caen con él, o se preguntan qué le ha sucedido.

Cuando el apóstol Pablo se convirtió en la nueva estrella de la iglesia del Nuevo Testamento, casi fueron culpables de dejarlo inmovilizado. Esto tampoco era bueno, porque si no hubiera sido por Bernabé, que lo presentó a la iglesia, la historia hubiera sido diferente. Pero Dios llevó a Pablo al desierto, donde estuvo tres años y medio recibiendo enseñanzas, revelaciones y adoctrinamiento antes de que se le permitiera predicar. Pasaron años (algunos dicen que fueron diecisiete) antes de que hiciera su primer viaje misionero. Aún entonces, Dios permitió que un ángel de Satanás lo molestara para evitar que se volviera "orgulloso" de las muchas revelaciones que había recibido.

"Y para que la grandeza de las revelaciones no me exaltase desmedidamente, me fue dado un aguijón en mi carne, un mensajero de Satanás que me abofetee, para que no me enaltezca sobremanera;" (2 Corintios 12:7).

Dios odia la soberbia y la rebelión porque fueron estos espíritus los que causaron la primera división, el primer pecado que turbó el cielo (Ezequiel 28). Generalmente, las personas orgullosas y rebeldes no pueden ser aconsejadas. Si tratamos de aconsejarlos, actúan con soberbia, tergiversan lo que les hemos dicho y lo llevan a oídos de otra persona. Se produce una transferencia de espíritus y pronto la otra persona también es afectada. ¿Qué podemos hacer en esta situación? Algunas veces lo mejor es no hacer nada, salvo encomendarlos a Dios y que Dios actúe en su orgullo y su rebelión.

"No venga pie de soberbia contra mí, y mano de impíos no me mueva. Allí cayeron los hacedores de iniquidad; fueron derribados, y no podrán levantarse" (Salmo 36:11,12).

Estamos tentados a levantarnos en contra de ellos. En esas situaciones, debemos pedir la paz del Señor, examinarnos delante de él y entregárselos. Los siguientes versículos son la mejor medicina y antídoto contra el veneno de un orgulloso:

"No te impacientes a causa de los malignos, ni tengas envidia de los que hacen iniquidad. Porque como hierba pronto serán cortados, y como la hierba verde se secarán. Confía en Jehová, y haz el bien; y habitarás en la tierra, y te apacentarás de la verdad. Deléitate asimismo en Jehová, y él te concederá las peticiones de tu corazón. Encomienda a Jehová tu camino, y confía en él; y él hará. Exhibirá tu justicia como la luz, y tu derecho como el mediodía. Guarda silencio ante Jehová, y espera en él. No te alteres con motivo del que prospera en su camino, por el hombre que hace maldades. Deja la ira, y desecha el enojo; no te excites en manera alguna a hacer lo malo. Porque los malignos serán destruidos, pero los que esperan en Jehová, ellos heredarán la tierra. Pues de aquí a poco no existirá el malo; observarás su lugar, y no estará allí. Pero los mansos heredarán la tierra, y se recrearán con abundancia de paz" (Salmo 37:1-11).

Esto es lo que hicieron Moisés y Aarón cuando Coré, Datán y Abiram trataron de usurpar la autoridad que no les pertenecía.

Fue una dolorosa experiencia para todos. Sí, estos hombres cayeron y fueron destruidos, pero ya habían impartido su espíritu a la congregación.

"El día siguiente, toda la congregación de los hijos de Israel murmuró contra Moisés y Aarón, diciendo: Vosotros habéis dado muerte al pueblo de Jehová" (Números 16:41).

Si no hubiera sido porque Aarón y Moisés expusieron sus propias vidas para salvar a la congregación, todos habrían sido destruidos. Más de 14.700 personas fueron destruidas a causa de este espíritu de soberbia y rebelión.

"Y los que murieron en aquella mortandad fueron cator-ce mil setecientos, sin los muertos por la rebelión de Coré" (Números 16:49).

Fue necesaria una "expiación" (v.47) para detener la plaga.

Hoy puedo decirle que hay sólo una solución para este espíritu de soberbia y rebelión: la expiación de Cristo. Y esto no es posible hasta que llega el arrepentimiento.

Hay muchos incidentes como éste en la Biblia y muchos similares suceden hoy en día. El caso de David y Absalón (2 Samuel 15) es el relato de algo que jamás debería haber ocurrido. Alto, bien parecido, pero orgulloso y arrogante, Absalón, lleno del espíritu del mismo Satanás, cavó su propia fosa. Oh, lo hizo con tal modestia y amabilidad... Veamos a Absalón visitando a los santos cada día, sentándose a las puertas y diciendo: "Si yo fuera el gobernante, les haría justicia. Si yo fuera el rey, no los descuidaría." Pronto comenzó a ganar seguidores. Habían recibido su espíritu.

Ahora bien, eso es exactamente lo que sucede hoy en las iglesias. Un co-pastor, un líder de jóvenes, un miembro del equipo pastoral visita algunas familias de la congregación. "Si yo fuera el pastor, tendríamos más adoración, o más libertad. Yo haría más actividades para los jóvenes o traería más predicadores, o menos predicadores." En el curso de esta visita, el líder encuentra algún punto de acuerdo con la familia a expensas del pastor. Pronto hay una personalidad, un espíritu, una conexión que se ha desarrollado a expensas del pastor.

Mientras el líder sigue visitando y sus críticas son aceptadas, su espíritu es impartido a otros.

Transferencia de Espíritus

Quizá su intención no era crear descontento. Estaba siendo utilizado por el maligno y no lo sabía. Inevitablemente, si ese líder es separado del cargo o se traslada, aquellos que han recibido de su espíritu se trasladan con él. Pronto surge el deseo de iniciar otro "grupo de comunión". Pronto se hacen evidentes la división y las luchas, como en el caso de Absalón.

Pero el hombre de Dios, como David, puede esperar.

Lamentablemente, algunos perderán sus vidas (espirituales), pero el siervo de Dios cuyo espíritu es recto sobrevivirá. En oración, intercederá: *"Absalón, hijo mío, Absalón."* Ese es el verdadero carácter del hombre de Dios.

Sí, Satanás continúa propagando efectivamente su espíritu de orgullo y rebelión. Puede suceder en un hogar. Un hijo o una hija repentinamente saben más que mamá o papá. Los padres son demasiado anticuados e ignorantes. "Les voy a mostrar cómo se hace."

"Antes del quebrantamiento es la soberbia, y antes de la caída la altivez de espíritu" (Proverbios 16:18).

"La soberbia del hombre le abate; pero al humilde de espíritu sustenta la honra" (Proverbios 29:23).

El orgullo viene del corazón del hombre (Marcos 7:22). El corazón del hombre es su espíritu. Viene de dentro del espíritu del hombre y ensucia a otros hombres, que son contaminados por estas cosas. Como en el caso de la enfermedad, no se lo puede ver. No podemos ver cuando contraemos el virus del resfriado común, o las paperas, o la varicela. Usted puede decir: "Si no lo veo, no creo." Pero lo creerá pronto cuando lo sufra.

Satanás es aún más hábil cuando tratamos con espíritus. Las personas no entienden fácilmente cómo es que pueden absorber el espíritu de otro. Pero mostrémoslo claramente. Usted entra con un espíritu atribulado en un cuarto lleno de personas. Apenas les cuente lo que causó su pena, estarán llorando con usted. Si tiene un espíritu de discusión y entra a un cuarto, comenzará una pelea y pronto todos estarán a los gritos. ¿Por qué no reconocemos estos espíritus como lo que son?

Podríamos seguir casi interminablemente. En esta área, podríamos escribir un libro de mil páginas y exponer las razones que hay detrás de todo lo que fomenta luchas, enojos y furias que se desatan sobre la sociedad. Traiga a un sindicalista que esté entregado a la ira y a la lucha y pronto tendrá marchas, bienes destruidos, vidas amenazadas, y finalmente estallidos de violencia.

"El hombre iracundo levanta contiendas, y el furioso muchas veces peca" (Proverbios 29:22).

Cuando se presenta así, contagia su espíritu a otros. Podemos explicarlo con lenguaje psicológico. Pero en lenguaje espiritual común y corriente, es "transferencia de espíritus". Y es necesario "discernir espíritus" y utilizar la autoridad espiritual de que está investido el hijo de Dios para solucionarla.

Podríamos seguir y seguir, capítulo tras capítulo, hablando de la evidencia diaria y las pruebas bíblicas de la transferencia de espíritus. Pero ya he dicho lo suficiente como para convencer a las personas sinceras, de mentes abiertas, sobre la realidad del tema.

Concluiré este libro con algunos pensamientos sobre las bendiciones y los peligros de imponer las manos. En las iglesias históricas, esta práctica está reservada a los ancianos, pastores u obispos. En los círculos carismáticos, parece que se anima a todos para que les impongan las manos a todos. Pero las Escrituras nos advierten que no im-

pongamos las manos descuidadamente sobre otro hermano. Podría argumentarse que esto se refiere únicamente a
la ordenación, pero la advertencia se refiere a mucho, mucho más que eso.

15. *La imposición de manos: bendiciones y peligros*

Pocas personas comprenden los peligros que implica la imposición de manos. Esta práctica siempre ha sido considerada una forma de impartir bendición. ¿No es razonable suponer que si se pueden impartir bendiciones, también puede suceder lo opuesto?

Durante muchos años de ministerio y observación he observado algunas cosas que me han preocupado. Por ejemplo:

* Un ministro que tenía problemas personales de inmoralidad, aconsejaba y ministraba a matrimonios, cuya situación luego, generalmente empeoraba; algunos matrimonios llegaron a separarse.

* El líder de un grupo de oración que tenía un espíritu muy crítico ministraba a este grupo, que se volvió tan crítico como él y desarrolló una fidelidad a este líder que no venía del Señor.

* Un evangelista homosexual imponía las manos a algunas personas, que luego tenían el mismo problema que él.

* Un laico que se había apartado de la doctrina imponía las manos a sus seguidores y les ministraba. Pronto ellos caían en el engaño y aceptaban sus falsas doctrinas de principio a fin.

* Una mujer muy atada y desequilibrada emocionalmente ministraba a otras mujeres y les impartía su espíritu.

Transferencia de Espíritus

Por supuesto, hay un ministerio bíblico de imposición de manos ordenado por Dios, que trae bendición. De la misma forma existe lo contrario, según quien sea el que ministre. Existe, por consiguiente, un gran peligro en dejar que cualquiera imponga las manos.

Así como Dios pudo *"tomar del espíritu que estaba en Moisés y ponerlo sobre los setenta ancianos"* (Números 11:17), de la misma forma el espíritu del enemigo puede tomar del espíritu de quien le impone las manos y ponerlo sobre usted. Aquí podría decir que es peligroso que personas que están poseídas por un espíritu equivocado impongan las manos. Hablo de los peligros y las bendiciones de imponer las manos, especialmente en relación con el que lo recibe, pero también se podría mencionar brevemente el peligro de imponer las manos sobre personas poseídas por espíritus malignos y equivocados, si quien lo hace no está adecuadamente cubierto por la sangre de Cristo, funciona dentro de la estructura de una iglesia y está calificado para ese ministerio.

El apóstol Pablo, escribiéndole a Timoteo, le advirtió de este peligro, diciendo, en 1 Timoteo 5:22:

"No impongas con ligereza las manos a ninguno, ni participes en pecados ajenos. Consérvate puro."

En su librito *Laying of Hands* (La Imposición de Manos) (Puede solicitarse a Derek Prince Publications, P.O. Box 14306, Dept. 6, Fort Lauderdale, Florida, EE.UU. -sólo en inglés-)

Derek Prince ofrece esta advertencia:

"Primero, este ministerio jamás debería ser ejercido liviana o descuidadamente, sino siempre en un espíritu de oración y humildad.

"Segundo, debe buscarse la guía y la dirección del Espíritu Santo en cada paso: ¿Con quién orar? ¿Cuándo orar? ¿Cómo orar?

"Tercero, el creyente que impone las manos debe saber cómo reclamar para su propio espíritu el continuo poder purificador y protector de la sangre de Cristo.

"Cuarto, el creyente que impone las manos debe tener tal poder del Espíritu Santo que pueda vencer cualquier tipo de influencia espiritual maligna que quiera obrar en, o a través de, la persona a la que se le imponen las manos.

"Cuando estos cuatro requisitos de seguridad no se cumplen cuidadosamente, existe un verdadero peligro de que pueda haber resultados espirituales dañinos tanto para quien impone las manos, como para quien recibe la imposición o para ambos."

Veamos un poco más de cerca la enseñanza bíblica sobre este tema de la imposición de manos.

"No participe en pecados ajenos." "Consérvese puro."

IDENTIFICACION

"Y los ancianos de la congregación pondrán sus manos sobre la cabeza del becerro delante de Jehová, y en presencia de Jehová degollarán aquel becerro" (Levítico 4:15).

Los ancianos, en nombre de la congregación, identificaban el pecado de la congregación con el animal que sería sacrificado.

Era un acto de transmitir culpa del culpable al inocente cuando se derramaba la sangre del animal. Sus pecados eran cubiertos.

Era identificar, quitar, y colocar sobre otro. Cuando Cristo fue entregado, fue entregado por manos de hombres (Mateo 26:23).

Cuando Pilato entregó a Cristo para que fuera crucificado, trató de quitar su culpa lavándose las manos (Mateo 27:24).

Veamos la asociación de las manos con la culpa, el pecado, la transferencia, y la quita, etc. El salmista dice: *"Guárdame de las manos de los impíos."* También dice, en el Salmo 144:7,8:

"Envía tu mano desde lo alto; redímeme, y sácame de las muchas aguas, de la mano de los hombres extraños, cuya boca habla vanidad, y cuya diestra es diestra de mentira."

La imposición de manos es una doctrina, según Hebreos 6:2:

"...de la doctrina de bautismos, de la imposición de manos, de la resurrección de los muertos y del juicio eterno."

Según el versículo 1, esta doctrina es parte de los principios fundamentales. Por supuesto, enseñamos: la doctrina de bautismos, la resurrección de los muertos, el juicio eterno, el arrepentimiento de obras muertas, la fe en Dios, la imposición de manos.

LA PRACTICA EN EL ANTIGUO TESTAMENTO

En Génesis 27 tenemos el relato de Isaac bendiciendo a Jacob y Esaú. El impartía una bendición especial sobre el primogénito, que no podía quitar. Jacob, como receptor de esa bendición, conocía el poder y la autoridad de que había sido investido bajo Dios, por lo que, a pedido de José, impuso las manos a Efraín y Manasés. José pensó que su padre estaba cometiendo un error cuando cruzó sus manos y el hijo menor recibió la bendición de la mano derecha, y trató de corregir la situación. Había un énfasis especial, bendiciones especiales y una virtud especial, incluso en el hecho de qué mano se imponía a cada hijo. Creo que la verdad, la doctrina, las bendiciones y los peligros de tal acto son aún territorio no explorado para la iglesia de hoy.

La imposición de manos era utilizada como manera de impartir honor y sabiduría. En presencia de la multitud de personas, Moisés tomó a Josué (Números 27:18-20), por orden de Dios: versículo 20: *"...y pondrás tu mano sobre él;"* y versículo 23: *"...y puso sobre él sus manos, y le dio el cargo, como Jehová había mandado por mano de Moisés."* ¿Funcionó? ¿Sucedió algo? ¿Tuvo resultado el rito? Deuteronomio 34:9 nos da la respuesta:

"Y Josué hijo de Nun fue lleno del espíritu de sabiduría, porque Moisés había puesto sus manos sobre él; y los hijos de Israel le obedecieron, e hicieron como Jehová mandó a Moisés."

En el Antiguo Testamento hay muchos relatos de imposiciones de manos, pero la falta de espacio me impide abundar en ejemplos.

LA IMPOSICION DE MANOS SE PRACTICABA PARA RECIBIR EL ESPIRITU SANTO

Felipe estaba participando de un gran mover de Dios en Samaria. Sucedían milagros; los espíritus inmundos salían de las personas, los cojos y los paralíticos eran sanados. Muchas personas llegaban a ser salvas y se había llevado a cabo un enorme culto de bautismos. Entonces Pedro y Juan vinieron a ministrarles el Espíritu Santo. Hechos 8:17: *"Entonces les imponían las manos, y recibían el Espíritu Santo."* Les imponían las manos para que recibieran el Espíritu Santo.

En Hechos 9:17 encontramos el relato de Ananías que ministró a Pablo imponiéndole las manos para que fuera sanado y recibiera el Espíritu Santo:

"Fue entonces Ananías y entró en la casa, y poniendo sobre él las manos, dijo: Hermano Saulo, el Señor Jesús, que se te apareció en el camino por donde venías, me ha enviado para que recibas la vista y seas lleno del Espíritu Santo."

En Hechos 19:1-6 tenemos otro relato en el que el apóstol Pablo impone las manos a los creyentes de Efeso para que reciban el Espíritu Santo (v.6):

"Y habiéndoles impuesto Pablo las manos, vino sobre ellos el Espíritu Santo; y hablaban en lenguas, y profetizaban."

SANIDAD

Las citas bíblicas que hablan de sanidades producidas por medio de la oración y la imposición de manos son muy numerosas.

Mencionaré sólo unas pocas:

Mateo 8:3: Jesús extendió su mano y tocó al leproso, que fue sanado:

"Jesús extendió la mano y le tocó, diciendo: Quiero; sé limpio."

Mateo 8:15: Jesús tocó a la suegra de Pedro y la fiebre la dejó:

"Y tocó su mano, y la fiebre la dejó; y ella se levantó, y les servía."

Mateo 9:18: Jairo ruega al Señor que venga y ponga su mano sobre su hija:

"Mientras él les decía estas cosas, vino un hombre principal y se postró ante él, diciendo: Mi hija acaba de morir; mas ven y pon tu mano sobre ella, y vivirá."

Marcos 16:18: Se nos encomienda poner las manos sobre los enfermos para que se sanen:

"...tomarán en las manos serpientes, y si bebieren cosa mortífera, no les hará daño; sobre los enfermos pondrán sus manos, y sanarán."

Hechos 14:3: Señales y maravillas eran hechas por sus manos:

"Por tanto, se detuvieron allí mucho tiempo, hablando con denuedo, confiados en el Señor, el cual daba testimonio a la palabra de su gracia, concediendo que se hiciesen por las manos de ellos señales y prodigios."

Hechos 19:11: Milagros extraordinarios eran hechos por mano de Pablo:

"Y hacía Dios milagros extraordinarios por mano de Pablo,"

DONES ESPIRITUALES

Escribiéndoles a los creyentes de Roma (Romanos 1:11), Pablo dice: *"Porque deseo veros, para comunicaros algún don espiritual"*. 2 Timoteo 1:6: *"...el fuego del don de Dios que está en ti por la imposición de mis manos."* Se imparte tanto la manifestación de dones o dones espirituales, como espíritus. El espíritu de Moisés fue colocado sobre los setenta ancianos (Números 11:17). En el caso de Acab, era un espíritu de mentira (1 Reyes 22:21). Eliseo pidió una doble porción del espíritu de Elías (2 Reyes 2:9). Dios dijo de Cristo: *"...he puesto sobre él mi Espíritu;"* (Isaías 42:1). Isaías 61:1: *"El Espíritu de Jehová el Señor está sobre mí"*.

Dios puede poner su Espíritu sobre usted.

El profeta puede poner su espíritu sobre usted.

El profeta puede poner su espíritu de mentira sobre usted.

Los profetas insensatos pueden poner su espíritu sobre usted... pero sólo si usted consiente en ello y está dispuesto.

Ezequiel 13:3: *"¡Ay de los profetas insensatos, que andan en pos de su propio espíritu, y nada han visto!"* Las personas se hacen su propia ley, corren cada vez más lejos tras cada hombre que dice ser profeta, tras cada evangelista o laico autonombrado y se preguntan después por qué están confusas y no pueden descansar.

"...el espíritu que ahora obra en los hijos de desobediencia," (Efesios 2:2).

Sí, hay espíritus inmundos. Mateo 10:1:

"Entonces llamando a sus doce discípulos, les dio autoridad sobre los espíritus inmundos, para que los echasen fuera, y para sanar toda enfermedad y toda dolencia".

Marcos 1:27: *"Y todos se asombraron, de tal manera que discutían entre sí, diciendo: ¿Qué es esto? ¿Qué nueva doctrina es esta, que con autoridad manda aun a los espíritus inmundos, y le obedecen?"*

Hay espíritus engañadores. 1 Timoteo 4:1:

"Pero el Espíritu dice claramente que en los postreros tiempos algunos apostatarán de la fe, escuchando a espíritus engañadores y a doctrinas de demonios;"

Hay espíritus ministradores. Hebreos 1:14:

"¿No son todos espíritus ministradores, enviados para servicio a favor de los que serán herederos de la salvación?"

Tenga mucho cuidado con la clase de espíritu a la que se exponga cuando le pida a alguien que le imponga las manos.

Comprendiendo la seriedad de este tema, creemos que se deben tomar tiempo y grandes precauciones antes de que un anciano sea ordenado, sabiendo bien que impondrá las manos sobre los enfermos, ministrará a aquellos que deseen la llenura del Espíritu Santo y echará fuera demonios. Por lo tanto, los ancianos deben ser hombres que conozcan el poder de Dios y ministren dentro de la estructura y la pluralidad. Deben tener el fruto del Espíritu, y deben poder pasar la prueba y el escrutinio de otros hombres de Dios.

No debo dejar de mencionar al menos un propósito o ministerio más de la imposición de manos:

COMISIONAR Y ENVIAR

Hechos 6:1-6: Se apartaron diáconos para ministrar a las viudas. Los apóstoles les impusieron las manos y oraron sobre ellos al apartarlos para este ministerio.

Hechos 13:1-4 señala un hermoso principio del Nuevo Testamento, el de enviar apóstoles a la tarea a la que el Señor los había llamado. Algunos maestros y profetas estaban reunidos, orando y ayunando, ministrando al Señor. La palabra que se traduce "ministrando", en griego es *leitourgeo*, de donde deriva "liturgia". Se utiliza en esta cita y en Romanos 15:27 para lo relativo a la adoración cristiana. En otros casos, la Septuaginta la emplea para referirse al servicio que prestaban los sacerdotes y levitas en el tabernáculo. Phillips la traduce como "adorando", por lo que parece que los líderes de la iglesia estaban en adoración, oración y una sincera búsqueda de Dios, ya que ayunaron.

En esta atmósfera, el Espíritu Santo llamó (no se nos dice si fue a través de una profunda impresión en todos, o de una voz audible) a los mejores, los más productivos del grupo, para ir al campo misionero. En la actualidad, la mayoría de las veces los hombres de ministerios más poderosos y productivos se quedan en las iglesias, en vez de salir como misioneros.

Aquí, en Antioquía, nació la primera sociedad misionera.

Veamos la serie de eventos:

Ellos ayunaron.

Oraron.

Les impusieron las manos.

Los enviaron.

El ayuno, la oración, la imposición de manos y el hecho de enviarlos a cumplir su tarea eran todas partes integrantes de esta comisión que tuvo como resultado:

(a) una puerta abierta a los gentiles;

(b) que ellos cumplieran su tarea;

(c) y que volvieran a informar a la iglesia local de sus resultados.

Dios honró estos pasos. La identificación a través de la imposición de manos fue honrada por Dios. La misión tuvo éxito.

Esta podría ser la razón por la que algunas misiones no tienen resultados en la actualidad. ¿Podrá ser porque algunos misioneros no están dentro de las estructuras marcadas por la Biblia? ¿Porque no son enviados y bendecidos por líderes reconocidos? ¿Porque es un esfuerzo de hombres en vez de ser nacido del Espíritu Santo y ejecutado por una congregación madura?

La imposición de manos, la oración y el ayuno, saber lo que el Espíritu Santo quiere, poner el plan de Dios por obra a través de la organización de la iglesia: estos son procedimientos ordenados por Dios.

El hecho de que alguien que no está en una iglesia establecida le imponga las manos, o el lanzamiento de un ministerio que no está dentro de las estructuras reconocidas, o someterse a líderes autonombrados, fuera de las estructuras establecidas, puede causar daños irreparables y dar resultados que no podrán ser modificados.

16. *Cómo resolver el problema*

E n este capítulo quisiera:

(a) Disipar ciertos temores.

(b) Determinar los pasos a seguir para librarse del problema.

a) DISIPAR TEMORES

Yo diría que aproximadamente un 85% de las personas que vienen a verme para que se las libere de demonios no están poseídas. Del 15% restante, el 10% serían personas oprimidas, no poseídas.

Por lo tanto, sería difícil decir que un cristiano puede estar poseído por demonios, porque esto sería estar completamente bajo el control de los demonios.

Cualquier cristiano que ande en el Espíritu, que habite bajo la protección de la sangre de Cristo y que no esté, en la medida de su conocimiento, cometiendo pecado, no tiene por qué preocuparse por estar poseído por demonios. No recomiendo imponer las manos unos a otros tan livianamente como se hace con frecuencia en los círculos carismáticos, pero si esta práctica es recomendada desde el púlpito, no hay por qué estar preocupado por la transferencia de espíritus. Generalmente esta transferencia ocurre cuando una persona está abierta para recibir de otra persona o está viviendo en pecado y lo sabe.

Recibir el espíritu de otra persona, un espíritu rebelde o un espíritu de soberbia, no significa necesariamente que quien lo recibe esté poseído por demonios. La expresión "poseído por demonios" es bastante inadecuada cuando se la aplica a creyentes.

La Biblia habla sobre la posesión demoníaca, como ya lo hemos probado. El endemoniado gadareno, el joven que los discípulos no pudieron liberar y la joven que Pablo debió reprender son algunos ejemplos.

La mayoría de los casos de transferencia de espíritu se producen a través de los sentidos del alma, y por eso la afectan.

Estos espíritus pueden afectar negativamente el intelecto, las emociones y la voluntad, hasta que renunciamos a su presencia y reclamamos la victoria sobre ellos en nombre de Jesucristo y por el poder de su sangre. Pero sugerir que un creyente nacido de nuevo que está viviendo conscientemente para Cristo, que lee la Palabra de Dios, ora, ama al Señor, anda en el Espíritu y está en comunión con el pueblo de Dios, puede ser inesperadamente poseído por demonios, es contrario a la Palabra e inaceptable para la comprensión de un cristiano.

Quizá hayamos permitido alguna influencia de un espíritu demoníaco en nuestra alma, y eso debe ser arreglado, pero no implica que nuestro espíritu, el lugar donde mora Cristo, esté poseído. Cuando la Biblia dice que *"el deseo de la carne es contra el Espíritu, y el del Espíritu es contra la carne; y éstos se oponen entre sí, para que no hagáis lo que quisiereis"*, (Gálatas 5:17), la palabra "contra" muestra que el alma es el territorio donde se libra la batalla. Si una persona dotada de libre albedrío, a sabiendas, cede al pecado, como la mentira o el adulterio, o cualquiera de las diecisiete obras de la carne (versículos 19-21), esa persona ha permitido que los espíritus demoníacos obtengan un lugar que no les corresponde y que tomen control de su voluntad. Esto no significa que esté poseída por demonios. Una vez, mi familia y yo nos mudamos a un campo misionero donde había insectos indeseables. Inmediatamente hicimos lo necesario para que el departamento quedara libre de esos insectos, porque nosotros controlábamos el lugar. Esos insectos no nos poseyeron a nosotros ni a nuestro departamento.

Cuando descubrimos que hemos abierto el alma a espíritus indeseables, debemos hacer lo necesario para deshacernos de ellos. El espíritu que está dentro de nosotros no puede ser poseído a menos que primero se haya ganado el acceso por medio del alma. Cuando Dios dice: *"No contenderá mi espíritu con el hombre para siempre"* (Génesis 6:3), podría estar dirigiéndose al espíritu de la mente, al que se le ha dado la tremenda responsabilidad de manejar la voluntad y sus funciones. La mente puede estar atravesando duras batallas, pero la intención es vencer en vez de someterse a un cierto control de espíritus malignos. Veo que algunas personas se condenan a sí mismas porque algún pensamiento malo cruzó su mente. Si siguen pensando y meditando en ese pensamiento, seguramente caerán; pero si lo desechan, no han pecado, sino que han practicado cómo salir victoriosas.

"...porque las armas de nuestra milicia no son carnales, sino poderosas en Dios para la destrucción de fortalezas, derribando argumentos y toda altivez que se levanta con-

tra el conocimiento de Dios, y llevando cautivo todo pensamiento a la obediencia a Cristo," (2 Corintios 10:4,5).

No porque estemos expuestos a un mal pensamiento estamos poseídos por el demonio. Hay momentos en que actuamos en una forma inaceptable pero pensamos que estamos haciendo bien. Un ejemplo de esto es el relato de Marcos 8:31-33. Pedro pensó que estaba haciendo lo correcto cuando quiso disuadir a Jesús de ir a la cruz. Ese pensamiento y esa acción merecieron una dura respuesta: *"¡Quítate de delante de mí, Satanás!"* (Mateo 16:23), pero eso no significa que Pedro haya estado poseído por demonios.

En otra ocasión (Lucas 22:31-34), Jesús le advirtió a Pedro que sufriría algunos zarandeos, como Job. Es interesante observar que Job resistió mejor que Pedro, a pesar de los tres años de aprendizaje y conocimiento personal del Maestro que tuvo este último. Poco después de que Jesús le hiciera esta advertencia, Pedro fue seriamente atacado y cayó, al punto de negar y maldecir a Jesús. Pero no hay indicios de que haya tenido que pasar por una liberación, sino amplia evidencia de arrepentimiento y restauración.

Parece que Satanás ataca primero al "espíritu de la mente" para infiltrarse y corromper al creyente, esperando obtener acceso y control del espíritu donde habita el Espíritu de Dios.

El apóstol Pablo reconoció claramente esta actividad cuando advirtió a la iglesia de Corinto que no dejaran corromper sus mentes recibiendo "otro espíritu".

"Pero temo que como la serpiente con su astucia engañó a Eva, vuestros sentidos sean de alguna manera extraviados de la sincera fidelidad a Cristo. Porque si viene alguno

predicando a otro Jesús que el que os hemos predicado, o si recibís otro espíritu que el que habéis recibido, u otro evangelio que el que habéis aceptado, bien lo toleráis;" (2 Corintios 11:3,4).

Así que Satanás desea corromper nuestras mentes con la invasión de un espíritu maligno, pero podemos echar fuera estos espíritus y pensamientos y negarnos a actuar según lo que ellos nos sugieren o a continuar en compañía de ellos. Satanás quiere seducirnos, atraparnos, destruirnos y devorarnos. El persigue a los santos para atraparlos y ponerlos bajo "otros espíritus". El no puede poseer a aquellos que:

1 Son nacidos de Dios (1 Juan 5:1).
2 Aman a Dios y guardan sus mandamientos (v.2).
3 Viven una vida victoriosa (v.4).
4 Habitan bajo la sangre de Cristo (v.6).
5 Tienen el testimonio del Espíritu (vv.6-9).
6 Tienen al Hijo habitando en su interior (v.12).
7 Tienen confianza (v.14).
8 Sus oraciones son contestadas (vv.14,15).
9 Son guardados por Dios (v.18).
10 Resisten al diablo (v.21; Santiago 4:7).

A LOS TALES, EL MALIGNO NO LES TOCA (v.18).

ESTE ES EL VERDADERO DIOS, Y LA VIDA ETERNA (v. 20; 1 Juan 5:1-21).

Por lo tanto, los creyentes deben cumplir ciertas condiciones para que el diablo no les pueda poner las manos encima. Si entramos en las obras de la carne (Gálatas 5:19-21), de nuestra propia voluntad, y comenzamos a jugar en el territorio enemigo, o a vivir allí, naturalmente le estamos abriendo las puertas para que él tenga derechos sobre nosotros. Esto es lo que hicieron Ananías y Safira. Ellos eran nacidos de nuevo y habían recibido el mismo ministerio que los otros discípulos. Vendieron su propiedad y por su propia voluntad ofrecieron dar el producto de la venta a la iglesia. Pero Satanás vino y los tentó para que mintieran diciendo que lo que habían dado era el importe total de la venta, aunque habían dado sólo una parte. El problema no era que dieran solamente una parte. Ellos podrían haber dicho: "Vendimos nuestra tierra por $ 100.000, pero sólo podemos dar $ 20.000", y no habría habido problema. Pero dar $ 30.000 y decir que eso era todo lo que habían recibido fue satánico. Fue Satanás quien llenó sus corazones para que mintiesen al Espíritu Santo, y trajeran sólo una parte (Hechos 5:3).

La mentira es una de las herramientas más efectivas del diablo. La verdad es de Dios, porque Dios es verdad. Satanás es el padre de la mentira. En las sesiones de liberación, he descubierto que cuando los demonios dicen quiénes son, invariablemente entre los que se identifican hay un demonio de mentira. La Biblia dice: *"Pero los cobardes e incrédulos, los abominables y homicidas, los fornicarios y hechiceros, los idólatras y todos los mentirosos tendrán su parte en el lago que arde con fuego y azufre, que es la muerte segunda"* (Apocalipsis 21:8).

Ningún creyente que ama al Señor y anda en el Espíritu y no en pecado debe temer estar poseído por demonios. Tampoco debemos descansar en una falsa seguridad si estamos siendo llevados por las incontrolables obras de la carne. Si una persona se ve arrastrada por un temperamento incontrolable, por el odio, la ira o la lucha, por deseos y actos sexuales pervertidos, está en condiciones de sospechar que puede haber un control demoníaco y quizá posesión, aunque la posesión se manifestará más posiblemente por medio de actos autodestructivos y tendientes al suicidio, o un comportamiento inaceptable para una sociedad decente.

b) PASOS A SEGUIR

Primero, se debe determinar si estamos tratando con demonios o simplemente problemas psicológicos. Una persona puede estar perturbada y puede ser difícil relacionarse con ella porque no ha cultivado y producido mucho fruto. Si el *"amor, gozo, paz, paciencia, benignidad, bondad, fe, mansedumbre, templanza"* (Gáltas 5:22,23) no se ven claramente en una vida, significa que en ella están presentes los frutos opuestos. La Biblia dice: "Por sus frutos los conoceréis" (Mateo 7:16). El problema que tienen en sí mismos y con los demás puede deberse a su falta de fruto.

En segundo lugar, quizá una persona se sienta constantemente irritada, frustrada y rechazada simplemente porque no ha aprendido los principios elementales de la comunicación interpersonal. Para ser aceptados, debemos ser aceptados por nosotros mismos y por los demás. Nuestra autoaceptación y adecuada comunicación con otros determinarán nuestra felicidad, aceptación y éxito en la sociedad. No es que todos estén en contra de nosotros, que nos rechacen y nos odien. Quizá si nos disponemos a tener una buena comunicación interpersonal con nosotros mismos, podríamos eliminar los supuestos demonios que vemos detrás de cada encuentro frustrado.

Tercero, el problema puede ser psicológico. Un psicólogo cristiano experimentado puede ser de invaluable ayuda para llevar a una persona a ser sana mental e interiormente. Sus patrones de pensamiento quizá sean negativos, y por lo tanto autodestructivos. El poder del pensamiento positivo no debe ser desechado. La Biblia establece claramente que: *"Porque cual es su pensamiento en su corazón, tal es él"* (Proverbios 23:7).

En cuarto lugar, la persona puede ser simplemente influida por haber creído una información equivocada. Es muy fácil participar o ser víctima de esto, por ejemplo, cuando alguien quiere difamar el carácter de otra persona para su propio beneficio. Puede suceder en la escuela, en el club, en la política o en la iglesia. Alguien quiere un determinado puesto y hace correr rumores que no son ciertos, pero que una vez que se han extendido seguramente causarán el efecto deseado. Los rumores, por supuesto, son totalmente inventados, pero de manera tan hábil y bien hecha que parecen ser irrefutables. He visto a personas que han recibido estos honores durante casi cuarenta años de ministerio. Digo honores, porque hay que ser una amenaza para la obra de Satanás para que él se moleste en señalarlo a uno para ser víctima de tal ataque. Las personas que sufren esta influencia no son poseídas por demonios sino que actúan según la información equivocada que han recibido.

Por supuesto que no dejan de tener culpa. En primer lugar, no deberían haber prestado oído a lo que no es amable ni de buen nombre. En segundo lugar, habiendo escuchado, deberían haber llevado a quien les pasó ese comentario directamente frente a la persona atacada para que le repitiera el chisme en su presencia.

En tercer lugar, si por alguna razón esto fuera imposible, no deberían meditar sobre ese comentario ni dejarlo que permanezca en su mente sin ir directamente a la persona afectada y hacerle conocer los hechos personalmente. Si no hacen esto, estarán abriendo las puertas para que se les transfiera el espíritu de la persona que vino con el chisme y se expondrán a las consecuencias.

COMO SEPARARSE DE ESE ESPIRITU

Si usted ya se ha expuesto y ha recibido la influencia de ese espíritu, debe actuar de inmediato. Cuando alguien está en contacto con una plaga, debe actuar enseguida para separarse de quien contagia esa plaga. Debe tomar la vacuna correspondiente para contraatacar la enfermedad. Si un niño es mordido por un animal rabioso, inmediatamente debe ser vacunado.

Si alguien entra en contacto con chismes, mentiras, espíritus críticos y prestamos oído a ellos, debe recibir tratamiento. Este tratamiento requiere, en primer lugar, arrepentimiento por haber escuchado, y confesión a Cristo por lo que ha escuchado y recibido. En segundo lugar, la persona debe renunciar a tal espíritu en el nombre de Jesús y hacer que esa influencia salga.

Puede hacerlo por sí misma, pero, si es posible, con la ayuda y la oración de la persona afectada por el chisme, si ésta es suficientemente madura como para poder ayudar. Si se trata de un ministro que comprende la transferencia de espíritus, puede imponer las manos a la persona que recibió el espíritu y orar efectivamente por ella. Luego debe resistir cualquier contraataque del enemigo. La persona que ha hecho correr el chisme o que se ha convertido en vehículo de espíritus críticos o que no son del Señor, hará todo el esfuerzo posible para volver a atacarlo. El apóstol Pedro, reconociendo el deseo que el enemigo tiene de destruirnos, aconsejó: *"Sed sobrios, y velad;*

porque vuestro adversario el diablo, como león rugiente, anda alrededor buscando a quien devorar; al cual resistid firmes en la fe, sabiendo que los mismos padecimientos se van cumpliendo en vuestros hermanos en todo el mundo" (1 Pedro 5:8,9). Las palabras del apóstol Santiago son similares: *"Someteos, pues a Dios; resistid al diablo, y huirá de vosotros. Acercaos a Dios, y él se acercará a vosotros. Pecadores, limpiad las manos; y vosotros los de doble ánimo, purificad vuestros corazones. Afligíos, y lamentad, y llorad. Vuestra risa se convierta en lloro, y vuestro gozo en tristeza. Humillaos delante del Señor, y él os exaltará.*

Hermanos, no murmuréis los unos de los otros" (Santiago 4:7-11).

Si el que ha llevado el mal espíritu no ha confesado su pecado, entonces usted debe evitar cualquier contacto posterior o comunión con él. La Biblia dice claramente que *"os fijéis en los que causan divisiones y tropiezos en contra de la doctrina que vosotros habéis aprendido, y que os apartéis de ellos"* (Romanos 16:17). Es interesante que el apóstol da una larga lista de santos aprobados con los cuales se puede tener comunión y luego los exhorta a fijarse en los que causan división y tropiezos y apartarse de ellos como si fueran una plaga. Nosotros nos creemos más sabios y violamos estos principios, lo que sólo lleva a nuestra destrucción y la de los demás.

El hecho de que usted haya escuchado y recibido ese espíritu no significa necesariamente que usted esté poseído por espíritus malignos. La transferencia de espíritus y la influencia pueden ser eliminadas reconociendo los hechos, absteniéndose de una mayor exposición, creyendo la verdad y arrepintiéndose de haber escuchado al mal, y renunciando o recuperando el territorio cedido a Satanás al permitir que el propio yo fuera afectado por el mal. Esto no requiere de una sesión de liberación, aunque la oración de un hermano consagrado no hará ningún daño. Las influencias y los efectos de espíritus transferidos pueden ser quitados con la antigua receta del arrepentimiento con lágrimas sinceras. Prometiéndole a Dios abstenerse del mal y pidiéndole su guía diaria, el alma liberada estará en camino a una vida cristiana feliz y provechosa.

LIBERACION DE UNA PERSONA POSEIDA

(1) Asegúrese de que el diagnóstico sea correcto. Sugerirle a una persona que puede estar poseída cuando no lo está, puede hacerle mucho daño. Hace algunos años recibí una llamada telefónica de una señora a la que casualmente conocía. Ella tenía setenta y pico de años y sufría de jaquecas... al menos así las llamaba ella. Fue a ver a un pastor que practicaba la liberación y él le dijo que sus dolores de cabeza eran de origen demoníaco.

El pastor echó fuera a los demonios y ella volvió a su casa, pero los dolores de cabeza continuaban. Ahora estaba más preocupada que antes. ¿Cómo, si ella había asistido fielmente a su iglesia pentecostal durante 52 años, Dios había permitido que fuera poseída por demonios? Comenzó a llorar compulsivamente. Tardé más de media hora en hacer que dejara de llorar para que pudiera escucharme. Por supuesto, ella no vivía en pecado; por supuesto, amaba al Señor; naturalmente, no se había metido en ocultismo.

Contestó todas mis preguntas y supe que no estaba poseída.

Finalmente pudo responder bien al aconsejamiento y a un tratamiento médico. ¡Qué cruel fue implantar en su mente el pensamiento de que, habiendo servido a Cristo tan fielmente, podía estar poseída por demonios!

Por eso digo que se asegure de que su diagnóstico es correcto. Más aún, recomiendo que no se quede con un solo diagnóstico. Aún los médicos hacen interconsultas para confirmar las lecturas de radiografías o definir un diagnóstico. No es difícil diagnosticar un caso de posesión demoníaca. Las acciones de los poseídos están abundantemente documentadas en la Biblia. Los cuatro evangelios y el libro de Hechos nos dan muchos casos para estudiar.

Una de las formas más evidentes es su reacción ante la oración de una persona que está llena del Espíritu Santo y anda en sus caminos. Hace poco una mujer del vecindario vino a verme para que yo la aconsejara. En ese momento yo estaba en mi casa y podía dedicarle un tiempo. Luego de escucharla durante quince minutos, le sugerí que oráramos antes de aconsejarla. Cuando comencé a orar, sentí la libertad de orar con compasión y empatía. Los espíritus demoníacos (que me tomaron totalmente por sorpresa) comenzaron a reaccionar con miedo y casi con violencia. Estos espíritus la tiraron de su silla al suelo, la atormentaron y la hicieron retorcerse como una serpiente hasta que ejercí autoridad en el nombre de Jesucristo. Tres minutos después, ella ya era creyente en Jesús, llena de gozo y sonriente. Cristo la liberó de su prisión y de las cadenas (Isaías 61:1,2). Ese caso no necesitó de diagnóstico, ya que la posesión fue evidente inmediatamente por la forma en que los mismos demonios actuaban.

(2) No recomiendo que nadie efectúe una liberación solo. Jesús les habló a los demonios y ellos obedecieron. Pablo habló y también le obedecieron. Pero Pablo muy rara vez, si es que sucedió, ministraba solo. El apóstol siempre

tenía alguien a su lado. Si no era Bernabé o Silas, era Timoteo o Tito, o algún otro colaborador. Yo, por lo tanto, recomiendo que haya más de un ministro al tratar un caso de posesión demoníaca.

(3) Además, estos ministros deben ser llenos del Espíritu Santo y deben vivir y andar fielmente en el Espíritu. Los hijos de Esceva eran varios, pero no andaban en el Espíritu (Hechos 19:14), y los resultados fueron desastrosos.

Jesús les aconsejó a sus discípulos que esperaran hasta que fueran investidos con poder de lo alto (Lucas 24:49; Hechos 1:8).

Les dio claras instrucciones sobre cómo echar fuera demonios. Les dio la autoridad para hacerlo. *"He aquí os doy potestad de hollar serpientes y escorpiones, y sobre toda fuerza del enemigo, y nada os dañará"* (Lucas 10:19). La palabra "potestad" (*exousia*), significa autoridad para usar el poder dado a ellos para echar o vencer el poder de los demonios. La palabra "fuerza" (*dunamis*) del enemigo significa que los demonios tienen poder; pero el poder del Espíritu Santo que está en usted es mayor que el del enemigo. Así como a un policía se le da poder o autoridad para que luche contra el mal en la sociedad y aprese a los delincuentes, así al creyente le es dada la autoridad sobre el poder de los demonios y del diablo.

En Marcos 16:17 Jesús equipó a sus discípulos y les ordenó que echaran fuera demonios. Notará usted que esta comisión es para los discípulos, no para simples seguidores. Ser un discípulo genuino, comprometido, significa tener éxito en el ámbito de lo demoníaco. Ser un mero convertido o seguidor de Cristo le dará muy poco resultado en la genuina liberación de fuerzas demoníacas. Aun los discípulos fallaron cuando se encontraron con ciertos casos de posesión demoníaca. La liberación del muchacho endemoniado (Mateo 17:14) no era posible sin ayuno y oración.

"Pero este género no sale sino con oración y ayuno" (Mateo 17:21).

Jesús mismo estaba ayunando cuando, estando en el desierto, tuvo el encuentro más cercano que hombre alguno haya tenido con el diablo. Los creyentes deben ayunar, pero también deben tener en cuenta algunas reglas útiles para seguir al hacerlo.

(4) No recomiendo que la liberación se realice en el púlpito de la iglesia. Al demonio le encanta la publicidad y hará un gran show. Esto no significa que no se deban echar los demonios en público. En nuestras cruzadas en otros países hay manifestaciones de demonios en todas las reuniones. En un estadio de fútbol, por ejemplo, donde hay de 25.000 a 200.000 personas, donde Dios se está moviendo a través de su Espíritu, donde personas que estaban enfermas son sanadas y se producen milagros, invariablemente hay una gran manifestación de fuerzas demoníacas. Algunas veces se ve una "explosión" de demonios en todo el campo. Alguien empieza a gritar, cae al suelo, generalmente le sale espuma de la boca, se sacude, patea, se retuerce. La gente se atemoriza y rodea a la persona poseída. Es como tirar varias piedrecitas a un lago. Cada piedrecita forma su propio círculo. En estas situaciones hay que tomar autoridad sobre los espíritus malignos desde la plataforma.

Felipe lo hizo así, según podemos leer en Hechos 8. Estos espíritus malignos salían de los poseídos en presencia de la multitud.

Pero yo estoy hablando de una iglesia local. Por supuesto, he echado fuera demonios desde el púlpito cuando comenzaron a manifestarse en medio de una predicación. Pero aquí se trata de que cuando alguien quiere una entrevista para sí mismo o para otra persona que sufre de opresión o posesión, puede ser mejor aconsejado, se puede discernir su situación y ministrarle mejor en la privacidad de un salón pequeño o una oficina, en presencia de dos o más creyentes maduros y llenos del Espíritu. Este procedimiento es mucho más efectivo y no le da lugar al diablo para que haga su show.

Al comenzar mi ministerio observé a un evangelista que tuvo un encuentro con una mujer poseída en una reunión en un campamento.

Era una tarde de enseñanza y ministerio. Luego de enseñar, el evangelista oró por los enfermos. Entre los que se acercaron había una frágil mujer que pesaba aproximadamente 50 kilos y tenía 50 años. Era muy delgada, pero tenía una fuerza poco común.

Cuando el evangelista (que tenía 40 años, medía más de 1,90 m y pesaba casi 120 kilos) se aproximó a ella para ponerle la mano sobre la cabeza, ella le dio una bofetada tan fuerte que lo lanzó a casi cuatro metros del lugar donde estaba. Bastante incómodo y con el rostro enrojecido, él trató nuevamente de orar por ella, sólo para salir despedido por segunda en vez, pero en dirección opuesta. Entonces los hermanos se colocaron formando un círculo alrededor de los dos. Varios ministros intervinieron para que no hubiera otro encuentro violento y entre todos lograron sujetarla.

Hay un gran peligro al tratar casos de posesión desde el punto de vista físico. Los demonios son seres espirituales.

No pueden ser eliminados con un tratamiento psicológico o material. Si usted no puede hablar con autoridad en el nombre de Jesús y hacer que el demonio le obedezca, olvídese de la parte física. He oído de casos en que a la persona poseída se la azotaba con una manguera de goma para sacarle los demonios. En nuestra ciudad, un exorcista que decía ser cristiano trató de sacar los demonios de una persona azotándola, y literalmente la mató. Los demonios no salen con latigazos ni con aconsejamiento. Sólo respetan un nombre, y es el nombre de Jesucristo, pronunciado por personas que conocen a Cristo y viven para él.

Los demonios no pueden ser "curados" con medicamentos. Son espíritus y hay que tratarlos espiritualmente. Lo que se puede curar con medicamentos no es necesariamente demoníaco. Conozco dos casos ocurridos en nuestra propia provincia, donde dos ministros "autoungidos" llegaron a la conclusión de que la diabetes era demoníaca. Entonces se dedicaron a echar fuera los demonios de la diabetes. Después le dijeron a sus pacientes que podían dejar de tomar insulina. Cuando los pacientes entraron en coma diabético, los evangelistas dijeron que estaban teniendo una visión celestial. En ambos casos los pacientes murieron. Se iniciaron investigaciones y todo el caso produjo una publicidad negativa que se difundió por todas partes y dañó seriamente la causa del Señor. No es necesario ser muy inteligente para saber que no se puede tratar humanamente o "curar" los demonios con medicamentos. Si un diabético responde a la insulina cuando el páncreas deja de producir lo que el cuerpo necesita, ¿por qué un evangelista charlatán va a decir que el problema es demoníaco? ¡Los demonios no pueden "curarse" con medicamentos o tratamientos médicos! Si alguien comienza a manejar físicamente a una persona en una sesión de liberación, usted se dará cuenta de que ese alguien sabe muy poco de liberación. Si alguien comienza a echar fuera "demonios" que pueden curarse con un medicamento, usted debería cuestionar inmediatamente el diagnóstico de posesión demoníaca. Es cierto que Jesús echó fuera espíritus sordos, ciegos y mudos. También creo que esos espíritus no podrían haber sido corregidos ni siquiera con todos los conocimientos médicos que hay en la actualidad.

Ni Jesús ni los apóstoles dijeron que toda enfermedad fuera demoníaca. Cuando Jesús sanó a los leprosos (Lucas 17:12-19), les dijo que fueran a presentarse ante los sacerdotes que debían declarar que los leprosos estaban sanos. De la misma forma, hoy en día, si alguien dice haber sido sanado, debe ir a ver a su médico, ser examinado y declarado sano por él, si realmente ha sido sanado.

Tratar a un paciente que tiene una afección psicológica, fisiológica o espiritual es un tema muy serio. Un paciente no iría a consultar a cualquiera en caso de sufrir un problema físico. Se aseguraría de que el médico o cirujano esté capacitado y tenga experiencia. ¿Por qué, entonces, hay personas que permiten que las aconsejen quienes aún no han podido vencer sus propios problemas o que no han encontrado la paz con Dios? Dios le ha dado a la iglesia (Efesios 4:11) dones ministeriales para perfeccionar a los santos en el ministerio. Si no reciben de ministros que hayan sido ordenados por Dios dentro de una estructura, seguramente fallarán. Si los ciegos guían a los ciegos, todos caerán en el hoyo (Mateo 15:14).

Además, quisiera advertir sobre el peligro de efectuar liberaciones en reuniones de oración caseras sin líderes presentes que estén adecuadamente sujetos a la estructura. En nuestros grupos caseros, siempre aconsejamos a los líderes que traigan a aquellos que necesitan liberación a la iglesia para que allí sean ministrados, dentro de lo posible, luego de los culto.

Hay muchos otros aspectos del tema de posesión demoníaca y liberación. También hay casos en que el paciente (si no es lunático) necesitará aconsejamiento antes y después de realizada la liberación. Por ejemplo: muchas veces en la Biblia se aconseja a personas de quienes se habían echado fuera demonios: *"Vete, y no peques más"*. O, si la casa había sido limpiada y no estaba ocupada (Mateo 12:45), existía el peligro de que vinieran otros siete demonios y tomaran posesión de ella.

Para quienes quieren leer más sobre el tema, recomiendo un librito escrito por Derek Prince, titulado *Expeling Demons* (Expulsando Demonios); *Out in the Name of Jesus* (Fuera en el Nombre de Jesús), de Pat Brooks, o *A Manual on Exorcism* (Manual de Exorcismo), de H.A.M. Whyte.

17. *Transferencia y contratransferencia*

D espués de ver en el relato bíblico la transferencia de buenos y malos espíritus y de los fenómenos actuales en este sentido, veamos brevemente cómo se produce la transferencia en el ámbito psiquiátrico, particularmente la forma en que se produce la transferencia y contratransferencia en las relaciones entre pacientes y terapeutas. Tal vez, justificadamente, nos inclinaríamos a llamarlo simplemente "influencia". El tema de nuestro libro, sin embargo, no puede ser llamado simplemente "influencia de espíritus", ya que trata específicamente la "transferencia de espíritus".

Este capítulo quizá sea algo complejo para quienes jamás han estudiado psicología o la interacción entre el paciente y el terapeuta. Si usted sólo está interesado en la transferencia de buenos y malos espíritus en el ámbito espiritual, le sugiero que saltee este capítulo. Estoy seguro que ya consiguió mucho más material del que podía imaginar.

Basándonos en la Biblia (1 Tesalonicenses 5:23), adoptamos la noción de que el hombre es espíritu, alma y cuerpo. Sabemos que existe la transferencia (o transmisión) en el área biológica del hombre. Si los padres son altos, rubios y de ojos azules, muy probablemente sus hijos, debido a la transmisión de genes, serán rubios, de ojos azules y altos. A menos que en las generaciones pasadas haya habido ojos oscuros y cabello oscuro, esas características pueden transmitirse a través de los genes a las demás generaciones. La Biblia dice que aun las semillas pecaminosas de los padres pueden ser transmitidas hasta la segunda y tercera generación.

"...que visita la iniquidad de los padres sobre los hijos y sobre los hijos de los hijos, hasta la tercera y cuarta generación" (Exodo 34:7).

En los capítulos anteriores ya hablamos de transferencia de espíritus. Por lo tanto, no diremos más sobre el tema aquí, dado que ese es el tema del libro. En este capítulo nos referiremos a la transferencia en el ámbito psicológico. Lo psicológico, fundamentalmente, trataría sobre la influencia, pero existe también una "neurosis de transferencia", que muchos psicoterapeutas, cuyos escritos y experiencias no pueden ser dejados de lado, desean producir. Muchos terapeutas han leído este capítulo antes de que fuera publicado. Algunos aclararon que no desean producir transferencias, pero también reconocieron que muchos profesionales creen que es posible y lo consideran necesario para una buena terapia.

La transferencia y la contratransferencia pueden producirse en las sesiones de psicoterapia en las que el terapeuta trata de responder al paciente en un contexto metafórico, o en las comunicaciones interpersonales o interacciones muy dinámicas.

Naturalmente, tengo mucha dificultad en aceptar y utilizar mucho de lo que autores como Freud, Von Domarus, Ekstein, Fromm, Reichmann, Horney, Lorenz, y muchos otros tengan para decir sobre psicología y técnicas psicoanalíticas, dada su posición dicotómica. El hombre, básicamente, es un ser espiritual, luego un ser psicológico y fisiológico. Aunque lo psicológico, en mi opinión, no puede ser comprendido plenamente si se lo separa de lo espiritual, se ha invertido mucho tiempo e investigación en la comprensión de la psiquis. Ese mérito no debe ser desacreditado ni descartado.

Por lo tanto, nos basamos en las exhaustivas investigaciones que en esta área realizaron los autores mencionados para reconocer que aun en el área de la psiquis se produce la transferencia y contratransferencia en el espíritu del hombre o "espíritu de la mente" (Efesios 4:23), aunque ellos no le den ese nombre. Nuestro único propósito al escribir este capítulo es ilustrar la diferencia que existe entre la influencia y la transferencia. Esperamos definir claramente que no estamos escribiendo sobre una mera influencia sino la real transferencia y transmisión de espíritus, tanto buenos como malos. La influencia puede ser modificada, corregida o afectada más profundamente por el descubrimiento y la asimilación de hechos posteriores, mientras que la transferencia de un espíritu puede ser muy beneficiosa o requerir del renunciamiento y la liberación de tales espíritus. En otro capítulo ya hablamos de los espíritus genuinos. Pueden ser espíritus caídos malignos, que desean habitar en humanos o animales; puede ser el Espíritu de Dios o puede ser aun el espíritu del hombre. Es interesante observar que estos especialistas que prueban la parte psicológica del hombre usan términos como "transferencia" o "contratransferencia".

De los escritos del doctor en Divinidad David W. Shave 1 resulta que la transferencia es un fenómeno basado en un proceso primario "para-pro-toto", en el cual el psicoterapeuta es considerado inconscientemente por el paciente como alguien con quien estuvo involucrado emocionalmente en el pasado. Por lo tanto, no se trata de sólo revivir el pasado, sino que es una prueba de hostilidad reprimida hacia objetos de la infancia. Un paciente tan inmaduro psicológicamente, con una grave necesidad de dependencia, puede transferírsela al terapeuta. El terapeuta, que siente la emocionalidad psicopatológica del paciente, le permite obtener de él fortaleza y apoyo, y en la medida que responde así, se produce la contratransferencia. El peligro está en la posibilidad de que se produzcan relaciones interpersonales traumáticas.

Por supuesto, estas relaciones se producen sin ninguna intención. Según Reusch 2, la fase inicial de la terapia se dedica a conocerse y a descubrir los métodos de comunicación del paciente. El terapeuta escucha, quizá agregue una palabra para ayudar al paciente a comunicarse, pero por sobre todo espera que se desarrolle la neurosis de transferencia. Un paciente así necesita desesperadamente alguien que le escuche y le ofrezca respuestas para sus preguntas.

Fromm y Reichmann 3 enfatizan que el tratamiento del paciente neurótico o psicótico es buscar y descubrir el trauma y el daño causado a sus relaciones interpersonales en la infancia. Estos defectos son considerados básicos para el desarrollo posterior de una situación psicopatológica. Esta búsqueda y esta empatía, con la facilidad de la comunicación oral, se prestan a las dependencias y de ahí las transferencias y contratransferencias.

La mayoría de los psiquiatras admitiría fácilmente que el tratamiento del paciente emocionalmente enfermo depende de que el terapeuta se involucre básicamente en forma emocional con él.

Creo que fue Shave quien escribió que el terapeuta que se hace cargo de un problema real del paciente introduce en la terapia un serio "vector-paciente" en su propia persona.

Savage 4 describe la contratransferencia como el mayor bien del terapeuta y como una guía importante, ya que la ve desarrollándose como transferencia en la relación terapéutica.

Alienta al terapeuta a comunicarse con el paciente por medio del lenguaje latente, y en este ejercicio de transferencia y contratransferencia, ambas pueden estar cargadas de afecto.

5 Whitaker y Malone 6 y Alexander 7 sugieren que la recuperación emocional de un paciente y su salud dependen en gran medida de que el terapeuta se involucre emocionalmente con él, en una relación donde cada uno esté conectado con el lenguaje latente del otro. Si el paciente siente una empatía activa de parte del terapeuta, entonces se produce la sanidad terapéutica. Tales sentimientos y afectos positivos se transfieren y contratransfieren.

El objetivo de escribir este capítulo no es expresar acuerdo o desacuerdo con estos autores. Lo que queremos señalar es que la psiquiatría moderna llama a esto "transferencia". No dice que sea la transferencia de un espíritu, ni del espíritu del hombre, ni de un espíritu del bien o del mal, sino simplemente reconoce que existe una transferencia y espera que sea mutuamente beneficiosa para el paciente y el terapeuta.

Habla sobre "comprender el significado latente" en relación con la transferencia. Según Pollock 8, las comunicaciones del paciente sólo pueden ser percibidas si el terapeuta percibe las relaciones y situaciones de la temprana niñez del paciente, que han influido sobre sus ansiedades y expectativas, pero que están latentes en la persona. Por medio del lenguaje oral latente, que puede expresarse en símbolos, tales problemas latentes pueden salir a la superficie. En tal proceso se puede dar la transferencia y contratransferencia.

El hecho es que si deseamos comprender la transferencia, debemos comprender a la humanidad y su proceso de comunicación desde un punto de vista multidimensional. La humanidad ha profundizado en la práctica de la hipnosis, de la comunicación con lo oculto y por lo tanto, del mundo espiritual. La parapsicología goza hoy de una amplia aceptación. El hombre podrá seguir estudiando, pero jamás llegará al conocimiento de la verdad hasta que llegue a la Palabra de Dios. *"...tu palabra es verdad"* (Juan 17:17). *"Yo soy el camino, la verdad y la vida;"* (Juan 14:6).

Cuando Freud habló por primera vez del fenómeno de la transferencia, éste fue, como todo enfoque nuevo, rechazado. Su teoría era que los complejos emocionales infantiles dirigidos a los primeros objetos (generalmente los padres, y hermanos, de amor y odio, deseos y temores) podían ser transferidos de los objetos originales y dirigidos al analista. Su opinión era que las batallas decisivas para la recuperación de la salud mental tenían que concentrar toda la libido del paciente en la transferencia y en liberar al paciente de todos los conflictos infantiles, transfiriéndolos al analista. La necesidad de esa libido era simplemente encontrar en el analista a un padre o una madre o una persona que le diera al paciente lo que las personas (objetos) originales no le habían dado.

Pero, ¿merece el analista tanto amor u odio? En este proceso, él tiene un rol muy difícil que cumplir. Por medio del proceso de repetición, debe extraer los odios y las neurosis del paciente.

Esto lo obliga no sólo a interpretar, sino a enseñar, guiar, educar, prohibir y exigir. El analista debe partir la personalidad. Debe escarbar en el inconsciente, las resistencias y los impulsos inconscientes, y resolver los conflictos. Se nos dice que percibimos en los demás lo que negamos en nosotros mismos. Si éste fuera el caso, esta búsqueda y este escarbar harían salir sus propias tendencias inconscientes. ¿Es esto realmente útil o constructivo para el analista, ya que implica los mismos rechazos de su propio yo? El analista podría encontrarse a sí mismo escuchando lo que el paciente le comunica, identificándose con sus pensamientos, deseos, estados emocionales y sentimientos, y, rindiéndose a la libre asociación, entrar en transferencia y contratransferencia.

Quizá esta sea la razón por la cual tantos psiquiatras buscan la ayuda de otros psiquiatras. No tengo las estadísticas a mano, pero en algún lugar leí que el índice de derivaciones era muy alto. El rol del psiquiatra es realmente muy difícil. Muy pocos comprenden o están de acuerdo con que mucho de lo que buscan en una sesión de hipnosis es otra forma de comunicación con espíritus y con espíritus internos latentes de odio, lujuria, locura y otras formas de espíritus malignos. Aconsejan a un violador, alguien que cometió incesto, o asesinato, y lo declaran temporariamente insano. Luego de varias sesiones de tratamiento (que probablemente lleven varios meses), el paciente es dejado en libertad por estar sano y apto para vivir en la sociedad. Luego se dan cuenta de que estaba sólo temporariamente calmado y que, como el rey Saúl, reaccionará rápidamente ante las fuerzas internas que lo manejan.

Transferencia de Espíritus

Mientras sonaba la música, el espíritu maligno que había en Saúl se mantuvo en estado latente (1 Samuel 16:16), pero apenas cesó el sonido, el espíritu maligno entró en actividad nuevamente e intentó otra vez matar a David.

El hombre que no ha nacido de nuevo (Juan 3:3), no ha sido lleno del Espíritu Santo (Hechos 1:8) ni sabe que *"mayor es el que está en vosotros que el que está en el mundo"* (1 Juan 4:4), si no está bien equipado, se enfrenta a un gran peligro en la transferencia y contratransferencia. Tarde o temprano la respuesta del terapeuta en la contratransferencia lo hará sentirse ansioso, desanimado, airado, desilusionado y sin esperanza en la vida. La transferencia y contratransferencia, entonces, se vuelven nocivas para el terapeuta. Freud, en "Dinámica de la Transferencia" (1912), trata la relación que existe entre transferencia y resistencia. La resistencia se ejerce en contra de hacer consciente lo inconsciente. En "Más Allá del Principio del Placer", (1920) señala, según entiendo yo, la transferencia en aquello que es resistido. El terapeuta se coloca en una postura en la que debe luchar contra la resistencia del ego que se opone a la repetición y en última instancia, a la transferencia. No soy una autoridad en transferencia y contratransferencia. Mi único propósito al tratar este tema es mostrar el hecho de que en el campo de la psiquis, algunos analistas trabajan para la transferencia. Ya sea que la transferencia sea principalmente resistencia o el aspecto esencial del proceso psicoanalítico que se encuentra en la transferencia misma, lo que deseo señalar es que se produce una transferencia esperada. En "Dinámica de la Transferencia" (1912), Freud afirma que finalmente, todos los conflictos deben ser resueltos en la esfera de la transferencia. Por ello la terapia analítica se centra en el análisis de la neurosis de transferencia. Creo que es justo decir que muchos terapeutas apuntan o centran activamente sus interpretaciones en los problemas de transferencia. Es probable que hasta busquen la división del ego del paciente ubicado en el analista en la transferencia.

Debo tener mucho cuidado en entrar demasiado en este tema, ya que no es el propósito del libro. La razón por la que menciono el tema de transferencia y contratransferencia es que algunos amigos míos, que respeto mucho, me sugirieron cambiar el tema de mi libro, de "transferencia" a "influencia". Al investigar el tema de los espíritus, estoy más convencido que nunca de que el título que refleja el tema: "Transferencia de espíritus", es correcto, porque eso es lo que en realidad ocurre. Aunque no emito juicio alguno sobre lo que ocurre espiritualmente en la transferencia entre un terapeuta y su paciente, sí sé que existe un gran peligro si un terapeuta que no es nacido de nuevo y lleno del Espíritu Santo se relaciona psicológicamente con una persona poseída por demonios.

Heinrich Racker **9** habla de que a la realidad de la transferencia le responde la realidad de la contratransferencia.

El comportamiento y los sentimientos del paciente hacia el analista en la transferencia pueden afectar sus propios sentimientos, deseos y defensas, produciendo una interrelación entre la transferencia y la contratransferencia. Se sugiere que la respuesta total del analista es decisiva para la comprensión e interpretación de los procesos psicológicos del paciente.

Si un analista está atendiendo a una persona poseída por demonios y se produce una transferencia, ¿cómo podrá actuar o reprimir esa transferencia, si no cree que los demonios existan?

Si el paciente es hostil y ha bloqueado u obstruido la búsqueda del analista en las causas de sus problemas y sus hostilidades infantiles, tratando de inyectar la vida de sus propias ideas y la apertura y calidez de sus propios sentimientos, se está abriendo, en contratransferencia, al espíritu que hace que el paciente se comporte como lo hace.

Por supuesto, los discípulos de Freud descartan inmediatamente la influencia o el control demoníaco, ya que no reconocen su existencia, y poco o nada de lo espiritual. Pero la posesión demoníaca no está solamente bien documentada en la Biblia, sino que es una realidad presente. Ya hemos hablado de la realidad y la persona del diablo y sus demonios, y también relataremos casos en que nos encontramos con demonios. Sólo hay que leer *Cerdos en la Sala* **10** o *Satanás vivo y activo en el planeta Tierra* **11** y muchas otras historias bien documentadas por el estilo.

Un terapeuta puede pasar toda la vida aconsejando a una persona endemoniada y ser un fracaso. Una explosión de mal temperamento y lenguaje obsceno puede ser evidencia de un demonio latente que se dispone a dirigir y controlar al paciente. Las palabras y actitudes amables por parte del terapeuta pueden hacer que el poseído responda positivamente... sólo para explotar nuevamente cuando menos se lo espere. El rey Saúl, en 1 Samuel 19:9,10, estaba sentado en su casa, relajado, aparentemente normal y amistoso para con David. Pero tan pronto terminó la música, tomó una lanza y quiso matar a su propio yerno. La Biblia dice que fue movido por un *"espíritu malo"*. Jesús encontraba constantemente personas poseídas por demonios. El no las aconsejaba, sino que echaba fuera los demonios y luego les decía que se fueran y no pecaran más. María Magdalena (Lucas 8:2) estaba poseída por siete demonios, pero después de ser liberada se convirtió en una fiel seguidora y verdadero ejemplo del carácter cristiano.

He participado en la liberación de personas de la posesión demoníaca por la autoridad de Jesucristo y en su nombre (Marcos 6:13; Lucas 10:19). Una vez que alguien ha sido liberado, como el gadareno en Lucas 8:26-36, puede volver a su casa y funcionar, como fue creado, para ser esposo, padre y vecino. Sin esa liberación, la persona poseída no puede actuar en forma segura y efectiva en la sociedad.

Tomemos, por ejemplo, a un violador, un abusador de niños, un asesino o alguien que vive en las obras de la carne (Gálatas 5:19-21). El paciente puede estar en la cárcel o bajo condiciones estricta seguridad de un hospital u otra institución. Cuando lo entrevistemos o lo aconsejemos, invariablemente dirá: "No sé porqué lo hice." "Algo se apodero de mí y no pude controlarme."

Un consejero o terapeuta puede sentarse a hablar una hora con esa persona. Su comportamiento parece normal y agradable y parece estar arrepentido. El promete no hacerlo nunca más, y está seguro de cumplirlo. El terapeuta, que no sabe que los demonios son reales y están presentes (aunque en estado latente) en el alma del paciente, lo declara rehabilitado y listo para retomar una vida normal. Luego, para su completa sorpresa, el paciente recae en las mismas conductas y acciones anteriores. Los demonios estarán latentes en el paciente hasta que se presente la oportunidad para la acción para la que fueron asignados. Si las autoridades a cargo de nuestras instituciones penales, nuestros médicos, psiquiatras y líderes religiosos comprendieran esto, tendríamos índices de rehabilitación mucho mayores.

Apoyo con todo el corazón a los terapeutas que sinceramente desean ayudar a la humanidad que sufre. Se exponen a un gran peligro en la transferencia y contratransferencia, sin darse cuenta de que muchas veces, en realidad, están involucrándose con lo oculto.

La psiquiatría reconoce el peligro de que el terapeuta se vea envuelto en el círculo vicioso al que puede empujarlo la transferencia. La necesidad de identificarse en complementación y concordancia con el paciente puede ser respetada, aunque mal entendida, en relación con el peligro que representa para el terapeuta, sobre todo teniendo en cuenta el poder demoníaco. Los terapeutas deberían investigar seriamente la posibilidad de que el paciente esté poseído por algún demonio, en vez de sufrir de alguna neurosis infantil. Si éste es el caso, la liberación o curación sólo puede realizarse en la forma que la Biblia lo señala. Trataremos este tema brevemente en el capítulo final del libro.

La posición y la comprensión del psicoanálisis de la transferencia y contratransferencia han experimentado una constante evolución desde que Freud las descubrió en 1910. En ese momento, la transferencia parecía ser un obstáculo para su trabajo. Luego se convirtió en un instrumento de extraordinario valor, en el campo de batalla del tratamiento. La contratransferencia pronto se convirtió en la otra mitad del campo de batalla. El estudio de la transferencia al analista se ha convertido en una de las fuentes de conocimientos más importantes en lo relativo a los procesos psicológicos de los niños. Analistas como M. Klain

(1932), K. Horney (1936) y otros, han escrito mucho sobre el tema.

Para la persona común, que no ha estudiado psicología o leído las obras de destacados psiquiatras, la transferencia y contratransferencia son palabras desconocidas; si se le sugiere la posibilidad de que ocurren realmente, la rechazará con disgusto. Para algunos psicoanalistas, en cambio, son las herramientas de su profesión. Ellos reconocen que la totalidad de los sentimientos, imágenes e impulsos del paciente hacia el terapeuta, determinados por su pasado, conforman la llamada "transferencia", y de igual forma, la totalidad de las imágenes, sentimientos e impulsos del terapeuta hacia el paciente, determinados por su pasado, forman la "contratransferencia".

Algunos podrían considerar que esto es neurótico por parte del terapeuta, pero también otros reconocen que esta situación es normal y hasta ventajosa, siempre que el terapeuta tenga conciencia de ella.

Algunos psiquiatras cristianos rechazan la posibilidad de la contratransferencia justificadamente, dado que ellos viven cubiertos por la sangre de Jesucristo. Hablando sobre la neurosis de contratransferencia, el doctor Racker **12** señala que si un analista sabe que se encuentra bajo la influencia de un impulso neurótico, debería posponer la comunicación de cualquier interpretación hasta que haya analizado su estado y lo haya superado. Como guía para el analista, sugiere que determine la compulsividad con que es motivado a interpretar, estableciendo si es o no el factor de neurosis. Detrás de esta compulsividad yace la señal de la reacción neurótica llamada ansiedad y frustración.

Me resulta interesante el hecho de que estos psicoanalistas jamás denominan a estas ansiedades, impulsos neuróticos, temores, iras, explosiones de odio o enojo como
espíritus de origen demoníaco. Pueden llamarlos rastros o
imágenes de la infancia.

Los líderes religiosos están descubriendo ahora que hay
cura total para ellos luego de la regeneración y la liberación. Cuando la gente venía a Jesús, él los curaba a todos
y echaba los demonios fuera de ellos (Mateo 4:24). Le trajeron al gadareno (Marcos 5:2-13), que estaba totalmente
enajenado. Vivía en medio de las tumbas. Su familia cercana, sus parientes y el resto de la sociedad vivían con
miedo de su presencia. Jesús solamente habló la Palabra
y ordenó a los demonios que salieran de él y dejaran de
atormentarlo. Cuando lo hicieron, el hombre recuperó su
mente sana. Un niño endemoniado se tiraba en el fuego
(Marcos 9:22), se cortaba y trataba de ahogarse, pero
cuando Jesús echó a los demonios fuera de él, el niño recuperó inmediatamente la normalidad. Actualmente, los
predicadores hacen esto muy rara vez. Quizá trabajan con
la persona para que tome la decisión de aceptar a Cristo,
pero ¿dónde se ve a un pastor que ministre sanidad y que
eche fuera demonios de un recién convertido? Quizá habría menos delincuentes juveniles, hijos e hijas, esposos y
esposas extraviados, si fueran liberados de estos impulsos
neuróticos, demoníacos, que los mueven a actuar y reaccionar en formas que no desean hacerlo.

Algunos psiquiatras creen que la transferencia y contratransferencia pueden ocurrir, y ocurren, entre el paciente
y el analista. No sólo que pueden, sino que deben ocurrir
para poder ayudar al paciente o curarlo. ¿Por qué es difícil para los cristianos creer que la ira, los celos, el odio, las

luchas, las vejaciones, que son llamados "espíritus" en la Biblia, pueden y de hecho son transferidos de una persona a otra? Por supuesto que se debe estar abierto o no protegido para que tal cosa suceda.

Los siguientes capítulos demostrarán esta posibilidad y concluiremos mostrando cómo se puede evitar esta transferencia, o cómo ser liberado de ella.

Para resumir este capítulo, dejemos en claro que no estoy diciendo que todos los pacientes de los psiquiatras estén poseídos por demonios. Tampoco digo que los terapeutas que participan de la transferencia y contratransferencia vayan a ser poseídos por demonios. Lo que quiero destacar en este capítulo es que la transferencia ocurre, como se ha demostrado, y que la transferencia de espíritus es real.

¿Cómo, entonces, podemos diferenciarlas? Los psicólogos han hecho investigaciones muy valiosas. La respuesta a esta necesidad es un psicólogo cristiano, que haya nacido de nuevo y por lo tanto conozca la diferencia entre alma y espíritu y pueda aconsejar a quienes están mentalmente perturbados. Lo único que necesitan es hacer las paces con Dios y que el amor de Dios fluya a través de su ser. Si el psicólogo es lleno del Espíritu y comprende la presencia y las obras de los espíritus malignos, pronto discernirá la presencia de demonios y ejercitará la autoridad de que ha sido investido (Lucas 10:19) para echarlos fuera. El hecho de que haya habido una liberación no significa que no sea necesaria más terapia. El aconsejamiento en los niveles psicológico y espiritual es un tema muy serio. Restarle importancia a alguno de ellos es negar una ayuda a las necesidades humanas. Actualmente hay muchos libros muy buenos sobre el tema. "La Reconstrucción

e la Psicología" **13**, una integración de psicología y cristianismo del doctor Gary R.

Collins, y la "Enciclopedia de Problemas Psicológicos",
de Clyde Narramore **14**, son muy buenos manuales de
consejamiento.

Referencias numeradas: ver Notas Bibliográficas.

Notas bibliográficas

1 *David W. Shave, The Language of the Transference* (El Lenguaje de la Transferencia) (Boston: Little, Brown and Company).

2 J. Reusch, *Psychoanalysis and Psychotherapy* (Psicoanálisis y Psicoterapia) (Nueva York: Norton, 1962).

3 Fromm-Reichmann, *Psychoanalysis and Psychotherapy, Notes on the Development and Treatment of Schizophrenics by Psychoanalytic Psychotherapy* (Psicoanálisis y Psicoterapia: Notas sobre el Desarrollo y Tratamiento de Esquizofrénicos por medio de la Psicoterapia) (Chicago: University of Chicago Press, 1960).

4 C. Savage, *Countertransference in the therapy of Schizophrenics* (Contratransferencia en la Terapia de Esquizofrénicos).

5 David W. Shave, *The Language of the Transference* (El Lenguaje de la Transferencia) (Boston: Little, Brown and Company).

6 Whitaker y Malone, *Patient Vectors in the Therapist; In the roots of Psychotherapy* (Los Vectores Paciente en el Terapeuta: En las Raíces de la Psicoterapia) (McGraw Hill, 1953).

7 F. Alexander, *Fundamentals of Psychoanalysis* (Fundamentos del Psicoanálisis) (Nueva York: Norton, 1956).

8 G. Pollock, *Transference Neurosis* (Neurosis de Transferencia).

9 Heinrich Racker, *Transference and Countertransference* (Transferencia y Contratransferencia) (Londres: The Hogarth Press, 1968), pág. 60.
10 Frank e Ida Mae Hammond, *Cerdos en la Sala*.
11 Hal Lindsay, *Satanás vivo y activo en el planeta Tierra*.
12 Heinrich Racker, *Transference and Countertransference* (Transferencia y Contratransferencia) (Londres: The Hogarth Press, 1968).
13 Gary Collins, *Rebuiling of Psychology* (Reconstrucción de la Psicología) (Tyndale, 1977).
14 Clyde Narramore, *Enciclopedia de Problemas Sicológicos* (Miami: UNILIT, 1990).

Biografía del Autor

Alexander William Ness nació y se crió en Alberta, Canadá. Fue el cuarto de once hijos de un pastor bautista, lo que le brindó la posibilidad de observar los principios cristianos en la práctica desde su niñez. Sirvió en la Fuerza Aérea Real de Canadá durante la Segunda Guerra Mundial. Luego se casó con Grace Crowther, de Lethbridge, una excelente pianista, organista y solista que se convirtió en un gran apoyo para su esposo en el ministerio.

El doctor Ness ha fundado y construido los templos de tres iglesias en el área metropolitana de Toronto. La primera, Lakeshore Gospel Temple, en Mimico, en 1953, de la cual fue pastor hasta que construyó la Queensway Cathedral en 1961. Este edificio, valuado en varios millones de dólares, se convirtió en el centro de la actividad cristiana del oeste de Toronto. Luego de doce años de ministerio pastoral, y sintiendo la urgencia de dedicar más tiempo a la evangelización misionera, el doctor Ness y su familia se trasladaron a San Pablo, Brasil.

En la primera cruzada se reunieron aproximadamente 50.000 personas, de las que más de 20.000 aceptaron a Cristo. A partir de entonces, el doctor Ness ha viajado por 140 países del mundo, en ocasiones hablando frente a más de 250.000 personas.

Transferencia de Espíritus

Junto con la organización Morris Cerullo para la Evangelización Mundial, ha participado en la motivación y capacitación de aproximadamente 500.000 canadienses en las técnicas de evangelización mundial. Además de sus actividades evangelísticas y pastorales, ha escrito once libros, y tiene uno en preparación: *Teología Sistemática para Principiantes*.

El doctor Ness es conocido y solicitado en todo el mundo como maestro de la Biblia, orador y evangelista.

Libros del Autor

VIDA CRISTIANA VICTORIOSA
Viviendo la vida de Cristo. (Edición ampliada).

TRANSFERENCIA DE ESPIRITUS
Guerra espiritual.

MODELO PARA VIVIR
El tabernáculo. El sacerdocio. Las ofrendas. Las fiestas.

EL ESPIRITU SANTO - Vol. 1
Los emblemas. La obra. La persona. El bautismo en el Espíritu Santo. El Espíritu Santo y el obrero cristiano. Vencedores.

EL ESPIRITU SANTO - Vol. 2
El fruto. Los dones del Espíritu. Los dones para el ministerio. El análisis de Pablo sobre el hablar en lenguas. El ministerio de la mujer.

PIONERO (Autobiografía del Dr. Ness)
Cómo se hace un pastor. Un relato emocionante de fe, sufrimiento y triunfo.

SANTIDAD
Una nueva revelación sobre la santidad. El modelo y la provisión de Dios para la iglesia. Un verdadero desafío.

QUERIDO PASTOR Y OBRERO CRISTIANO
Un apasionado clamor por consagración y compromiso plenos.

NACIDO DE NUEVO y los pasos del crecimiento cristiano
Detalles sobre cómo "nacer de nuevo" y crecer hasta "la estatura de la plenitud de Cristo".

EL SUFRIMIENTO
Una perspectiva única sobre el complejo tema del sufrimiento y sus derivaciones. No hay nada similar impreso.

LOS PRINCIPIOS DEL REINO
Un profundo estudio sobre el Sermón del Monte. Los discípulos modernos se sentirán desafiados por el "Everest" del discipulado de reino de los cielos.